고쳐 쓴 한국 기독교 읽기

박정신

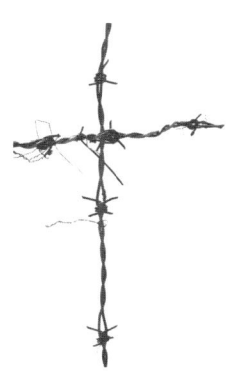

여울목

고쳐 쓴 한국 기독교 읽기 Contents

▶ 머리글_1

1. 예수, 그는 누구인가_7
역사적 상황-로마제국 그리고 유대교 · 8
성서에 나타난 예수 · 11
성육신의 참뜻 · 14

2. 예수의 삶과 죽음_23
나사렛 예수 · 23
시험받는 예수-그 시험의 참뜻 · 28
갈릴리로, 예루살렘으로 그리고 골고다로 · 32

3. 예수의 부활 그리고 가르침_41
예수의 부활 · 41
예수의 가르침 · 44

4. 기독교의 태동
- 팔레스타인에서 로마로_57
다락방 성령강림 사건 · 57
사울에서 바울로-그의 전도여행 · 61

5. 기독교의 '로마화' 그리고 '유럽화'_69
조롱과 박해의 강을 건너 · 69
콘스탄틴, 밀란 칙령 그리고 '정교유착' · 77
기독교의 타락 · 82

6. 종교개혁과 기독교의 '세계화'
       - 기독교가 우리 땅에 오기까지_87
  종교개혁 · 87
  미국 기독교 · 92

7. 기독교와 유교적 조선의 만남_101
  유교적 조선사회 · 102
  기독교의 가르침 · 106
  기독교와 근대 개혁운동-독립협회를 중심으로 · 112

8. 일제 강점기 기독교의 두 모습
       -기독교와 민족운동 세력과의 이음쇠_119
  일제 초기-물림의 꼴과 결 · 120
  일제 후기-엇물림의 조짐 · 130

9. 해방, 분단, 6·25전쟁 그리고 기독교_151
  해방과 분단-남북의 기독교 · 152
  6·25전쟁과 남한 기독교의 변화 · 159

10. 오늘날 한국 기독교의 모습_179

▶ 꼬리글_193
▶ 덧붙임_196
▶ 도움받은 글_213

'이제 여기'를 사는 사람들이
초월의 지혜를 구하기 위해
품어야 하는 질문

'그 너머'에는 무엇이 있을까?

머리글
오늘의 한국 기독교 읽기

    한 세기 조금 전에 이 땅에 발붙이기 시작한 기독교가 오늘 날 전체 인구의 25%를 신자로 거느린 거대한 종교 공동체로 성장하게 되었다.1) 보신탕집이 이 골목 저 골목에 들어선 서울을 보며 서양 사람들은 '보신탕의 도시'(a city of dog soup)라고 비아냥거리기도 하지만, 또한 교회당들이 즐비하게 들어선 서울을 가리켜 '교회당들의 도시'(a city of churches)라고 부르기도 한다. 세계에서 제일 큰 교회가, 우리에게 기독교를 전해준 미국, 영국, 캐나다 호주에 있지 않고, 서울 한복판에 있다는 사실도 흥미롭다. 여의도순복음교회를 포함하여 세계 10대 대형교회 명단에 우리나라 교회가 다섯 개나 들어 있다.2) 옛날 시골의 여름밤에는 반딧불이 반짝거렸지만, 요즈음에는 전국적으로 교회 십자가가 반짝이고 있다. 어느 마을을 가 보아도 교회가 하나, 둘씩은 꼭 들어서 있다. 서울의 경우에는 아예 건물마다 교단별로 교회가 들어선 곳이 많다. 서울이 '교회당들의 도시'라면, 한국은 '교회당들의 나라'라고 할 만하다.3)

이 땅에서 이와 같은 기독교의 놀라운 성장의 역사를 설명하기가 불가능하다며 '기적'이라고 부르는 이들도 있다. 한 세기라는 짧은 기간에 기적 같은 성장을 하였으니, 이를 연구하는 이들이 나라 안팎에서 나타나기 마련이다. 미국 신학교에서는 한국 기독교 성장을 연구하고 가르치는 학과나 프로그램이 생겨날 정도다.

이러한 한국 기독교의 성장을 한쪽에서는 '축복'이라고 자랑하지만, 또 다른 쪽에서는 교회의 놀라운 외적 성장, 그 그늘 뒤에 숨어있는 어두운 모습을 안타까워하기도 한다. 서로가 교권 싸움에 몰두하여 상대방을 이단으로 정죄하고 갈라져 반목하는 모습을 꼬집기도 하고, 개교회 이기주의와 교단 이기주의를 안타까워하는 이들이 있는가 하면, 성직자들의 윤리적 타락과 권위적 삶을 비판하기도 한다. 어느 사회학자는 구한말 기독교가 '별난 사람들'의 믿음의 공동체였다면, 오늘의 기독교는 '평범한 사람들'의 공동체가 되어 교회와 세상 사이에 건강한 긴장이 존재하지 않는다고 이야기한 적이 있다.4) 교회 안과 교회 밖이 그렇게 다르지 않다는 말이다. 이래서 오늘날 우리 사회에 공룡과 같이 거대한 기독교의 존재 그 자체에 회의를 품은 이들이 교회 안팎에서 늘어나는 실정이다.5)

이즈음 나는 오늘의 한국 기독교를 역사적으로 다시 읽을 필요가 있다고 생각하였다. 예수를 믿는다는 사람들이 모인 21세기 한국의 기독교 공동체는 1세기 팔레스타인에서 태어나 33년간을 산 예수의 가르침과 얼마만큼의 거리가 있는지, 성찰하는 시각으로 다시 읽으려 한다. 구한말, 그러니까 19세기 말을 마감할 무렵 이 땅에 들어온 기독교의 모습과 20세기를 마감하고 21세기에 들어선 오늘의 기독교의 모습을 비교하려 한다. 이 둘 사이에는 어떠한 닮음이 있고, 또 어떠한 엇갈림이 있는지를 살피는 것이 바로 '역사학에 기댄 한국 기독교 읽기'이다.

역사학에 몸담고 있는 나는 분명 신학자도 아니고, 또한 목회자도 아니다. 그렇기에 '교회 안의 시각'(in-house perspective)으로 오늘의 한국 기독교를 읽을 수 없다. 그렇게 읽는 것은 객관적 '기독교 읽기'가 아니다. 나는 목사의 아들로 태어나 역사학도가 된 사람이다. 어릴 때부터 교회에 대한 열정과 더불어 그 관행과 율법적 가르침에 대한 저항도 해보았고, 번민도 해보았으며, 방황도 해보았다. 교회 안에서만이 아니라 교회 밖에서도 교회를 바라보며 자랐다는 말이다. 이렇게 안팎을 두루 아우르는 경계의 시각이 오늘의 한국 기독교를 올바로 인식할 것이라는 믿음을 가지고 이 작업을 수행하였다.

나는 참으로 축복받은 사람이다. 목민 박명수 목사와 진순례 사모의 아들로 이 세상에 태어났고, 이 〈목민가족〉을 통하여 예수를 만났으니, 이보다 더 큰 복이 어디 있겠는가. 이 예수는 '예수천당, 불신지옥'이라는 한낱 구호에 이용되는 그 예수가 아니다. 한국 기독교 성장의 불쏘시개가 되었던, '성공'이나 '기복'과도 거리가 멀다. 개인의 이기심과 탐욕을 충족시키는 '도깨비 방망이' 같은 그런 예수를 〈목민가족〉은 믿지도 않았고 팔지도 않았다. 〈목민가족〉이 알려준 예수는 '하나님 나라'에 기대어 로마제국에 맞서고 역사의 질곡을 돌파하려는 그런 예수였다. 세상의 통념에 그냥 묻어가는 것이 아니라, 질문해 보고 도전해 보는 '목민가족문화' 안에서 자란 것이 나의 가장 큰 자산이다. 그리고 〈목민가족〉은 나의 학문을 대견스러워 하는 '응원부대'이기도 하다. 아버지와 어머니가 하늘나라로 부르심을 받은 이후에는 연세대를 은퇴하고 목회를 하는 원로사회학자인 나의 큰 형님 박영신 교수, 사회학자가 되려 했던 미국에 사는 누나 박리브가 권사 등이 나의 응원단을 이끌고 있다.

그래, 나는 정말 축복받은 사람이다. 미국에서 공부하고 나서 그곳 학생들을 가르칠 때도 그랬고, 한국에 나와 교수할 때도 그랬다. 좋은 교수에게 훈련을 받았으며, 훌륭한 학자들과 함께 했고, 탁월한 학생들을 만났으니, 역사를 공부하고 가르치는 사람으로 정말 큰 복을 받은 사람이 아닌가. 특히 내가 한국으로 돌아온 뒤에 숭실대, 연세대, 고려대에서 만난 제자들과 '우리다운 학문'을 하자고 마음을 합할 수 있었던 것이 참으로 즐거운 경험이었다. 그 가운데서도 숭실대에서 나의 지도를 받은 석·박사과정 제자들, 이미 학위를 받고 교수의 길에 들어선 제자들, 나와 더불어 함께 손잡고 학문의 길을 걸어가는 동역자요 벗들이 있어서 행복하다. 이들과 함께 고민하고 토론한 것이 이 책의 내용이 되었다. 그들에 대한 고마운 마음을 여기에 적어두고자 한다. 출판 사정이 좋지 않은데 나의 학문을 귀하게 여겨 이 책을 내준 〈여울목〉출판사의 민대홍 사장에 대한 감사한 마음도 여기에 담고 싶다.

그러나 여기에 있을 수 있는 잘못은 모두 나의 몫이다.

2015년 2월
관악산 기슭 〈박정신사랑방〉에서
박정신

'신앙'
예수가 남긴 발자국 따라 걷기

"누구든지 나를 따라오려거든, 자기를 부인하고, 제 십자가를 지고, 나를 따라 오너라."(마태복음 16:24)

1.
예수, 그는 누구인가

한국 기독교를 제대로 읽으려면 무엇보다도 이 종교 공동체가 믿고 따른다는 예수 그리스도를 올바로 알아야 한다. 기독교는 예수를 구세주로 믿고 그의 가르침대로 살려는 이들의 신앙공동체이기 때문이다. 예수가 없는 기독교는 존재하지 않는다.

따라서 '예수는 누구인가'라는 아주 원론적인 질문을 할 필요가 있다. 많은 이들이 예수에 대하여 여러 다른 이야기를 하고 있다. 예수를 신의 아들로 인류의 유일한 구원자로 믿는 사람들과, 위대한 성인의 한 사람으로, 인류의 위대한 스승으로 보는 이가 있는가 하면, 그를 로마제국의 식민 지배를 벗어나려는 유대민족, 억압 받던 유대 민중의 지도자로 이해하는 이도 있고, 그를 기적을 행하는 초인간적 능력의 보유자로 보는 이들도 있다. 이처럼 그에 대한 이해가 다양하기 때문에 '예수는 누구인가' 하는 상식적 질문을 하고 이에 스스로 대답해 나감으로써 예수가 누구인지 알아볼 필요가 있다.

역사적 상황-로마제국 그리고 유대교

예수가 태어난 당시의 역사적 상황은 어떠한가. 그는 분명 하나님이지만 이 세상에 인간의 모습으로 태어나 33년을 살았다. 그렇기에 그의 삶에도 역사성이 드리워져 있다. 사실 예수의 가르침을 따른 종교적 공동체, 다시 말해서 기독교는 로마제국의 식민통치와 유대민족의 종교적 전통이 만나 만들어낸 특수한 역사적 상황에서 잉태된 것이다. 그렇기에 로마제국과 유대교의 모습이 예수 당시에 어떠했는가를 살피는 것은 예수를 이해하는 지름길이 된다.

예수가 살았던 팔레스타인은 로마제국의 식민지였다. 로마가 다른 족속의 영토를 빼앗아 대제국을 건설해 나가는 과정에서 팔레스타인도 그 식민지가 된 것이다. 로마는 속주에 이전부터 있던 그 지방의 행정체계를 그대로 두고 그 위에 총독을 두었고, 총독은 그가 관할하는 속주의 방위와 사법·행정을 주로 담당하였으며, 그 외의 문제는 지역담당자들에게 맡겼다. 그렇기 때문에 속주에서는 총독들이 자율과 자치를 남용하여 착취를 일삼기도 하여 여기저기서 봉기가 일어나기도 하였다. 이러한 문제와 그 밖의 문제들을 해결하기 위해 원로원과 민회는 기원전 27년 옥타비아누스(Gaius Octavius)를 강력한 지도자로 만들려고 그에게 아우구스투스(Augustus, 존엄한 자)라는 자리를 만들어 주었다. 강력한 군대를 가진 아우구스투스는 기원전 23년에 '황제'에 상응하는 임페리움(imperium)의 자리에 오르게 된다. 이른바 로마제국으로 나아가고 있었던 것이다.6)

우리가 여기서 주목하고자 하는 것은 이른바 팍스 로마나(Pax Romana)를 건설해 나가는 과정에서 로마는 정복한 지방과 족속의 신들과 종교들을 관용하고 있었다는 점이다. 심지어 다른 지방 족속들의 신들을 로마신전에 함께 모실 정도였다. 물론 이러한 관용정책의 이면에는 로마제국의 통치에 저항하거나 거부하지 않는다는 조건이 따랐다. 로마 제국의 관용의 종교정책은 로마가 여러 신들을 인정하는 제국이고 그들이 정복한 거의 모든 족속이 여러 잡다한 신들을 믿고 있기 때문에 별 문제가 없었다. 문제는 다른 신들을 인정치 유일신종교인 유대교(Judaism)였다. 그러나 이 유대교에 대해서도 유대사람이 아닌 족속으로 번지지 않고 로마에 정치적으로 저항하지 않는 한 아무런 조처를 취하지 않는 불간섭의 정책을 취하였다.

일본제국의 식민통치를 경험한 우리는 유대사람들이 어떠한 상황에 있었는지 쉽사리 상상할 수 있다. 한말에 국운이 기울고 일제 식민통치를 받게 되자 우리 민족 가운데는 일제 식민 세력과 무장투쟁으로 맞서자는 이른바 의병도 있었고, 종말론적 전망을 가지고 소망 없는 시대에 소망을 가지려는 이들도 있었다. 그런가 하면 아예 일제 식민통치세력에 빌붙어 삶을 꾸리는 친일파도 생겨났다. 이와 같이 로마제국의 식민통치를 받았던 유대사람들도 갈기갈기 찢겨져 있었다. 로마제국의 식민통치를 받아들이면서도 유대전통에 나오는 율법을 지킴으로써 유대의 정체성을 살려가자는 바리세파(the Pharisees)가 있는가 하면, 예루살렘성전을 중심으로 한 유대 교권을 가진 종교자이면서도 정치적으로는 타협적 노선을 걷던 사두개파(the Saducees)도 있었고, 로마의 모든 체제와 지배를 거부하고 사회와 격리된 쿰란(Qumran)공동체를 중심으로 삶을 꾸리는 에세네파(the Essenes)도 있었고, 무장투쟁을 통해 로마식민통치의 굴레를 벗어나려는 열심당원들(the Zealots)도 있었다. 또한 소망 없는 상황에서 유대전통에 나오는 메시아(Messiah)를 기리는 종말론적 소망(Eschatological hope)을 가지고 메시아가 와서 '새 하늘과 새 땅'을 열기를 갈망하는 무리도 있었다. 이런 상황에서 예수는 태어났던 것이다.

성서에 나타난 예수

기독교 관련과목을 교양필수로 가르치는 기독교계 대학의 교재를 살피면, 예수의 출생에 관한 자료가 제한되어 이에 대한 상세한 논의가 어렵다고 이야기한다. 이 교과서들은 대체로 「마태복음」과 「누가복음」에 기록된 예수 출생에 관한 것을 기본 자료로 삼아 그의 출생을 재구성하고 있다.

「마태복음」에는

예수 그리스도의 태어나심은 이러하다. 그의 어머니 마리아가 요셉과 약혼하고 나서, 같이 살기 전에, 마리아가 성령으로 잉태한 사실이 드러났다. 마리아의 남편 요셉은 의로운 사람이라서 약혼자에게 부끄러움을 주지 않으려고, 가만히 파혼하려 하였다. 요셉이 이렇게 생각하고 있는데, 주님의 천사가 꿈에 그에게 나타나서 말하였다. "다윗의 자손 요셉아, 두려워하지 말고, 마리아를 네 아내로 맞아 들여라. 그 태중에 있는 아기는 성령으로 말미암은 것이다. 마리아가 아들을 낳을 것이니, 너는 그 이름을 예수라고 하여라. 그가 자기 백성을 그들의 죄에서 구원하실 것이다."이 모든 일이 일어난 것은, 주님께서 예언자를 시켜서 이르시기를, "보아라, 동정녀가 잉태하여 아들을 낳을 것이니, 그의 이름을 임마누엘이라고 할 것이다" 하신 말씀을 이루려고 하신 것이다. (임마누엘은 번역하면 '하나님이 우리와 함께 계시다'는 뜻이다.)7)"

라고 기록되어 있다.

예수 나심에 대하여「누가복음」은
하나님께서 천사 가브리엘을 갈릴리 지방의 나사렛 동네로 보내시어, 다윗의 가문에 속한 요셉이라는 남자와 약혼한 처녀에게 가게 하셨다. 그 처녀의 이름은 마리아였다. 천사가 안으로 들어가서, 마리아에게 말하였다. "기뻐하여라, 은혜를 입은 자야, 주님께서 그대와 함께 하신다." 마리아는 그 말을 듣고 몹시 놀라, 도대체 그 인사말이 무슨 뜻일까 하고 궁금히 여겼다. 천사가 마리아에게 말하였다. "두려워하지 말아라. 마리아야, 그대는 하나님의 은혜를 입었다. 보아라, 그대가 잉태하여 아들을 낳을 터이니, 그의 이름을 예수라고 하여라. 그는 위대하게 되고, 더없이 높으신 분의 아들이라고 불릴 것이다.…(중략)…마리아가 말하였다. "보십시오, 나는 주님의 여종입니다. 당신의 말씀대로 나에게 이루어지기를 바랍니다." 천사는 마리아에게서 떠나갔다.[8]

라고 기록하고 있다. 이 두 복음서에 나타난 기록에 기대어 보면 예수는 기원 전후 유대의 베들레헴이라는 마을에서 요셉과 결혼하기로 한 처녀, 마리아의 몸을 통하여 이 세상에 태어났다.

기독교는 이른바 처녀 마리아의 몸을 입고 이 세상에 온 예수를 그리스도로 고백하고 믿고 있다. 생물학적으로 처녀의 몸을 통해 세상에 온 예수의 탄생을 믿지 않는 이가 많겠지만, 기독교는 타락되어 죄악에 사로잡힌 인간을 불쌍히 여겨 구원하고자 하나님이신 신이 이 땅에 인간의 몸으로 오셨다고 고백하는 종교 공동체이다. 우리는 여기에서 '처녀의 몸을 통해 온 예수 탄생'에 대하여 생물학적으로 설명이 '된다, 안 된다'를 논의하지 않는다. 어느 종교의 고백이나 믿음을 '진행 가운데 있는' 과학으로 재단하려는 우를 범하지 말아야 한다고 믿기 때문이다. 대신에 우리는 이 '처녀의 몸을 통해 온 예수 탄생'의 의미, 그 종교적 의미가 무엇인가, 다시 말해서 예수를 따르는 이들은 이러한 '예수 오심'을 어떻게 이해하고 믿고 있는

가를 우리는 궁금해 하여야 하는 것이다.

성육신의 참뜻

예수를 믿는 이들은 가장 높으신 존재인 하나님이 인간을 너무나 사랑하시어서 그의 외아들(아버지가 신이니 아들도 신이다) 예수를 인간의 몸을 입혀 세상으로 보내었다고 고백한다. 이것이 이른바 기독교의 성육신(成肉神, incarnation)이다. 예수 믿는 이들은 사람의 몸을 입은 하나님, 그 하나님인 예수가 처녀 마리아의 몸에 성령으로 잉태되어 유대의 베들레헴에서 태어나신 것으로 믿는다.

이 '성육신'에는 '처녀의 몸을 통해 온 예수 탄생'의 생물학적 진위여부보다 더 깊은 종교적 의미가 들어 있다. 여기에는 하나님이 하나님의 그 높은 자리를 버리고 낮고 가난한 사람의 자리로 스스로 내려왔다는 깊은 뜻이 담겨 있다. 가장 높으신 하나님이 로마제국의 황제의 자리가 아니고, 유대의 종교지도자의 자리가 아니고, 아주 부유한 집안의 아들이 아니고, 로마제국의 식민지 유대에, 권력자, 부자 그리고 종교지도자들이 득실거리는 도시 예루살렘이 아닌 마구간에서 아주 가난한 목수의 아들로 그리고 힘없고 가난한 민초들이 살고 있는 예루살렘 변두리에 있는 작은 마을 베들레헴의 아주 가난한 목수의 아들로 스스로 사람으로 온 것이다.

이렇게 오신 예수를 '임마누엘'(Immanuel)이라 한다. 번역하면, '하나님께서 우리와 함께 계시다' 는 이 말에는 그냥 지나치지 말아야 하는 깊은 뜻이 담겨있다. 가장 높으신 하나님이 가장 낮은 곳으로 와 죄에 빠진 인간들과 함께 한다는 뜻은 군림하는 이로, 명령하는 이로, 뻐기는 이로, 거드름 피우는 이로 함께 한다는 뜻이 아니다. 가난한 이들, 핍박받는 이들, 고통가운데 있는 이들, 슬피 우는 이들, 마음 아파하는 이들, 이름 없는 이들 가운데 하나로 이들과 하나가 되어 이들처럼, 그리고 그들과 더불어 산다는 뜻이다. 짧게 말하면, 하나님이 인간들과 함께 인간으로 살면서 삶의 의미를 일깨우고 삶의 목표와 방식을 보여주고자 '성육신' 하시어 우리와 함께 한다는 뜻이다.[9] 바로 여기에 '예수 나심'의 참뜻이 있다.

이 '성육신'에는 여러 종교적 교훈이 있겠으나 여기에서는 다음 두 가지만을 강조하고자 한다.

첫째, 예수의 '성육신'은 새로운 삶, 대안의 삶, 바로 그것을 우리에게 가르쳐 주고 있다. 앞서 살핀 바와 같이 예수는 로마제국의 황제 자리로 오지 않았다. 거드름 피우는 종교지도자로 오지 않았다. 오만한 부자로 오지 않았다. 뻐기는 정치지도자로 있지 않았다. 이 세상의 모든 사람들이 권력을 좋아하고 유명하게 되기를 갈망하며 부자가 되기를 원한다. 그래서 권력, 부 그리고 명예를 숭상하고 있다. 인간 모두는 권력, 부 그리고 명예를 위해 삶을 꾸리고 있다. 그러나 예수는 이를 부정하는 자리로 왔다.

예수의 '성육신'은 이러한 인간의 삶에 '아니오'라고 맞선 '사건'이다. 권력이나 부, 그리고 명예는 삶의 목적이 아니라는 것을 분명히 하기 위해 있는 사람으로, 부자로 그리고 유명한 사람으로 오지 않았다. 그래서 이런 사람들이 득실거리는 예루살렘으로 오지 않고 베들레헴으로 왔다. 그래서 헤롯의 왕궁의 사람들과 예루살렘의 사람들에게 그곳에만 사람이 사는 곳이 아님을 보여주고 시골 작은 마을 베들레헴 사람들에게 이곳에도 사람이 사는 곳, 중요하고 귀한 곳임을 일깨워 주었다. 헤롯의 권력, 예루살렘 사람들의 명예와 부가 그들의 삶이, 그들의 삶의 목표와 방식이 아무런 의미가 없다는 것을 보여 주었다. 새로운(대안의) 삶, 그 삶의 목표와 방식을 보여주는 사건이 바로 예수의 성육신이다. 그래서 예수탄생의 소식을 들은 헤롯왕과 예루살렘 사람들이 '소동' 하게 된 것이다.10)

둘째, 예수의 '성육신'은 바로 '겸손'(humility)의 극치다.

가장 높으신 하나님이 가장 낮은 자로 왔다는 것은 세상 사람들이 말하는 '겸손'과는 너무나 먼 개념이다. 세상 사람들은 자기와 같은 신분이나 계급에 속한 사람들 사이의 '겸손'이다. 이를테면, 유교적 사회에서의 '겸손'은 계급과 신분을 넘어서지 못하는, 계급이나 신분의 울타리에 제한된 '겸손'이다. 양반이 양반에게 '먼저(자리에) 앉으십시오'라고 말하지, 양반이 상민에게 '먼저(자리에) 앉으십시오'라고 하지 않는다. 어른이 같은 어른에게 '먼저(밥을) 드시지요'라고 말하지, 어른이 어린(신분이나 성이 다른) 아이에게 '먼저(밥을) 드시지요'라고 하지 않는다. 유교사회의 겸손은 이처럼 제한된 겸손이다.

그러나 '성육신'에서 보는 것처럼 예수의 겸손은 계급과 신분, 민족과 인종, 성과 나이의 울타리를 넘어선 개념이다. 가장 높으신 하나님이 계급이나 신분을 무시하고 로마제국의 식민지를, 그것도 예루살렘이 아니라 베들레헴을 선택하여 가장 가난한 사람의 하나로 오신 것이다. 그것도 다른 사람들을 위해, 섬기기 위해 '성육신'한 것이다. 바로 여기에 예수의 '성육신'의 참뜻이 있고, 여기에 예수의 겸손의 본질이 있다. 예수가 골고다 십자가 처형을 예견하고 있던 유월절 직전 어느 저녁 스스로 제자들의 발을 씻기고 난 후 이렇게 가르쳤다.

"너희가 나를 선생님 또는 주님이라고 부르는데, 그것은 옳은 말이다. 내가 사실로 그러하다. 주이며 선생인 내가 너희의 발을 씻겨 주었으니, 너희도 서로 남의 발을 씻겨 주어야 한다. 내가 너희에게 한 것과 같이, 너희도 이렇게 하라고, 내가 본을 보여 준 것이다."11)

그래서 미국 오클라호마 주 털사의 슬래터리(Edward Slattery)라는 주교는 "기독교의 요체는 종 됨이다"라고 선포한다.12) 슬래터리의 '종 됨'은 다음과 같은 깊은 의미를 담고 있다. "가장 높으신 이가 종이고, 통치자가 종이고, 종이 통치자"라고 그는 기독교의 종 됨을 설명하고 있다.13) 이러한 의미로, 나아가 이 세상의 삶에 대한 대안의 삶의 본보기를 보여주려는 의미로 예수는 제자들에게 기독교의 겸손을 더욱 선명하게 가르친 적이 있다.

"예수께서는 그들을 곁에 불러 놓고 말씀하셨다. '너희가 아는 대로, 이방 민족들의 통치자들은 백성을 마구 내리누르고, 고관들은 백성에게 세도를 부린다. 그러나 너희끼리는 그렇게 해서는 안 된다. 너희 가운데서 위대하게 되고자 하는 사람은 누구든지 너희를 섬기는 사람이 되어야 하고, 너희 가운데서 으뜸이 되고자 하는 사람은 너희의 종이 되어야 한다. 인자는 섬김을 받으러 온 것이 아니라 섬기러 왔으며, 많은 사람을 위하여 자기 목숨을 몸값으로 치러 주려고 왔다.'"14)

세상에 속한 사람들은 '강제로 지배'하기를 좋아하고 '권력으로 내려누르기'를 일삼는 삶을 꾸리지만 예수는 "섬김을 받으려 온 것이 아니라 섬기러" 이 땅에 온 것이다. 그러니까 예수의 성육신의 오심은 기존의 질서와 기존의 삶, 그 목표와 방식에 대한 안티 테제였다. 로마제국의 질서, 헤롯의 질서, 예루살렘을 중심축으로 하는 질서에 대한 안티테제라는 말이다. 권력, 부 그리고 명예를 삶의 푯대로 삼아 줄기차게 달려가는 질서, 이러한 삶의 목표와 방식에 대한 테제였다. '하인'이 '두 주인'을 섬길 수 없는 것처럼 세상 질서와 짝하면서 예수의 가르침을 쫓을 수는 없는 것이다.15) 기존 질서에 대한 이러한 비타협의 선포가 예수 오심이다. 그러기에 헤롯왕과 예루살렘의 사람들이 두려워했던 것이다.

예수 오심은 기존 질서나 기존의 삶의 목표나 방식에 대한 단순한 안티테제가 아니고 새로운(대안의) 질서, 새로운 삶의 목표와 방식을 대안으로 내어놓은 '사건'이었다. 권력, 부 그리고 명예가 삶의 목표였던 이들에게, 군림과

뽐냄이 삶의 방식이었던 이들에게 '가장 높으신 이가 종'이 되겠다고 스스로 온 이 '성육신'의 사건은 두려움 그 자체였다. 군림과 으스댐의 질서가 예수의 '겸손'으로 뒤집어지는 역사가 시작된 것이다. '군림'이 아니라 '종 됨'으로 총칼이 아니라 '종 됨'으로 세상을 뒤집어버리는 예수의 삶, 그의 혁명적 삶의 시작이 바로 그의 성육신의 오심이다.

 QR코드에 접속하시면
아래 노래를 들으실 수 있습니다.

갈릴리 작은 시골길
(꿈이 있는 자유, 한웅재 목사)

"갈릴리 작은 시골길 따라 우리에게 오신 주님
그 겸손하고 깊은 마음 사람들 알지 못했지만…"
- 가사 중

예수의 항해, 외로운 뱃길

사형장 골고다로 향하는 길에, 삶의 끝을 향해 가는 예수는 "네가 하나님의 아들이냐", "네가 메시아냐"라고 비난, 조롱 그리고 멸시를 받았다. 십자가에 못 박히고 옆구리가 창에 찔려 피와 땀을 쏟아내며 임종하기까지 몇 시간, 그는 그야말로 삶의 끝을 비참하게 마감하였다. 그를 죽기까지 따르겠다는 제자들의 모습도 보이지 않았다. – 본문 중

2.
예수의 삶과 죽음

예수의 삶을 사사로운 삶과 공적인 삶으로 구분하는 이들이 많다. 그러나 그렇게 나누어서 그의 삶을 이해할 필요는 없다. 앞의 30년이 없이는 뒤의 3년이 있을 수 없다는 상식에 터 해도 그렇고, '성육신'의 오심을 중히 여긴다면 예수 오심부터 예수를 통한 하나님의 섭리의 역사가 지속되고 있다고 보는 것이 타당하기 때문이다.

나사렛의 예수

예수의 어린 시절에 대한 기록은 많지 않다. 베들레헴에서 태어나 이집트로 피난 갔다가 나사렛으로 가서 성장하였다. 가난한 목수의 아들로 태어났으니 그도 가난하게 살았다는 것은 분명하다. 맏이인 예수 아래로 누이동생들과 야고보를 비롯한 남동생들이 있었다. 예수는 아마도 아버지 요셉과 더불어 목수 일을 하면서 가난한 살림을 꾸려 갔을 것이다. 그리고 그는 다른 유대 사람들처럼 유대의 종교 전통과 가르침에 따라 성장하였을 것이다.16)

그러나 그는 비범하고 명석하였던 것 같다. 어떤 이들은 그가 '평범한' 청년이라고 이야기하지만 「누가복음」에 나오는 기록을 보면 예수는 어릴 때부터 종교적이고 호기심이 많으며, 명철하고 담대하였던 것 같다. 그 이야기는 다음과 같다. 부모와 더불어 유대의 명절 유월절에 예루살렘을 방문한 후 집으로 돌아가는데 12살짜리 어린 예수가 행방불명이 되었다. 그의 부모들은 가는 길을 돌아서 예루살렘까지 예수를 찾으러 갔다. 사흘이나 수소문한 끝에 예루살렘 성전에서 예수를 찾게 되었다. 그들이 찾은 12살짜리 어린 예수는 유대교의 '선생들'과 더불어 서로 듣고 묻는 종교적인 대화를 하고 있었다. 이 어린 예수와 나이 많은 유대 선생들과의 대화를 본 사람들이 예수의 '지혜' 그리고 그의 명철하고 담대함을 '기이'하게 여겼다고 한다.17)

예수가 유대 선생들과 어떠한 주제를 놓고 대화하고 토론했는지는 알 수 없으나 12살의 어린 예수가 유대의 선생들과 대화한 것은 종교적인 문제라고 짐작은 할 수 있다. 그러나 복음서와 그밖에 여러 자료들을 섭렵한 후 쓴 최근의 「예수평전」에는 다음과 같은 대화내용이 담겨 있다. 길지만 따온다.

"그렇다면, 말씀의 근본은 야훼 하나님에 대한 순종에 있다는 거지요?"

제사장들과 랍비들 사이에서 낭랑한 목소리로 질문을 던지고 있는 소년 하나에게 시선이 집중되고 있었다.

순례의 의식이 끝난 성전 안쪽의 회당에서 벌어지고 있는 장면이었다.

"순종은 무엇에 대한 순종입니까?"

그 말에 랍비 하나가 기특하다는 듯이 대답하였다.

"야훼 하나님의 거룩한 성소를 지키기 위해서는 목숨을 바칠 각오를 하라는 것이야."

주위의 제사장과 랍비가 그의 대답이 만족스러운지 서로 얼굴을 쳐다보면서 만면에 웃음을 띠었다.

"그 성소는 이곳을 말합니까?"

소년의 질문이 그대로 허공을 가르고 앞에 앉아있던 자들의 가슴을 깊이 찔렀다. 쿰란의 엘리에셀이 사람들을 선동하며 던지는 질문과 그대로 닮아있지 않는가?

엘리에셀은 일갈했다.

"어디 성전이 그곳뿐이냐? 온 이스라엘이 유린당하고

예수의 삶과 죽음 25

있는데 예루살렘 성전만 지키면 모든 것이 온전해 지는가?"

그 가운데 나이 지긋한 자가 입을 열었다.

"아이야, 이 예루살렘 성전이야말로 야훼 하나님의 지성소(至聖所)란다.

다른 모든 것이 무너져도 이곳이 건재하면 우리 이스라엘은 야훼 하나님의 백성으로서 이 세상에서 형통하게 살아나갈 수 있단다."

아이가 그 대답에 무언가 작심한 듯이 물었다.

"어르신들 미안합니다. 제가 아직 무지하여 이렇게 묻고자 하는 것이 많습니다. 마지막으로 한 가지만 더 묻겠습니다."

"그러렴."

이들은 어느새 이 아이의 당돌함에 기분이 조금씩 불쾌해지기 시작했으나 자신들을 보고 있는 군중을 의식해서 어쩌지 못하고 매우 너그러운 어조로 응대하였다.

"야훼 하나님께서는 이곳 말고 다른 곳에는 계시지 않습니까?"

으음, 나이 지긋한 자가 낮게 신음소리를 냈다. 있다고 하면 예루살렘 성전의 독점적인 권위를 허물어야 한다. 없다고 하면 야훼 하나님의 무한한 존재와 그 능력에 대한 부인이 된다. 그러자 좀 전의 그 랍비가 재빨리 거들었다.

"야훼 하나님께서는 어디에나 계신다. 그러나 그분을 만날 수 있는 곳은 오직 이곳뿐이다."

소년은 그 랍비의 눈을 깊이 응시하더니, 이렇게 말하였다.

"그러면, 예루살렘 성전이 아닌 곳에서 야훼 하나님을 만난 옛 예언자들은 어찌 되는 것입니까?"

예측하지 못한 기습이었다. 이때 회당의 종이 울렸다. 산헤드린의 집회가 시작되는 것을 알리는 신호였다. 그 종소리에 맞추어 앉아 있던 자들은 서둘러 일어섰고, 소년은 어리둥절해 하고 있는 좌중 한가운데에 이내 홀로 남겨졌다.[18]

우리가 이 '대화'에 눈여겨보아야 하는 것은 어린 예수는 담대하게 나이 많은 선생들과 대화했다는 사실, 그리고는 그는 지적, 종교적으로 호기심이 많았으며 또한 지혜로웠다는 사실이다. 그는 가난한 목수의 아들이었지만 유대의 종교전통에 상당한 지식을 가지고 있었을 뿐만 아니라 질문도 하고 대답도 하는 대담성에 더하여 지적, 종교적 관심을 어릴 때부터 보여주고 있다. 이러한 지적, 종교적 호기심과 감수성이 강한 예수는 30세까지 유대의 종교전통에 대한 지식을 축적했고, 또한 역사적 상황변화에도 예민한 청년이 되었다.

예수의 33년간의 삶은 로마제국의 식민통치의 굴레에서 이루어졌다. 앞서 살핀 것처럼 이 '소망 없는 시대'에서 메시아가 와 '새 하늘과 새 땅'을 열기를 간절히 바라는 종말론적 소망을 가지고 삶을 꾸리는 이들에게 영향을 받으며 성장한 듯하다. 왜냐하면 이 종말론적 흐름을 잇고 있는 세례 요한(John the Baptist)을 찾아가 세례를 받았기 때문이다.19) 그는 교권을 가지고 정치적으로 타협적 노선을 걷던 바리세파나 사두개파에 대해서는 비판적이었다.

시험받는 예수-그 시험의 참뜻

요단강에서 세례를 받은 후 예수는 광야로 가 40일 동안 밤낮으로 금식하며 기도하고 명상을 하였다. 그 다음 세 가지 시험을 당하였다. '예수 운동'(Jesus' Movement)이라는 대장정에 나서기 바로 전에 사탄이 찾아와 시험하였다.

30세의 건장한 예수는 40일 동안 아무것도 먹지 않고 기도와 명상을 한 후에는 그야말로 탈진상태에 빠졌을 것이다. 이 굶주린 예수에게 사탄이 나타나 시험을 하였다.

"네가 만일 하나님의 아들"이라면 이 광야에 있는 "돌들이 떡덩이"가 되도록 한번 해보라고 하였다.[20] 그래서 굶주린 예수의 배도 채우라는 것이다. 배고픈 예수에게 이 시험은 '좋은 제안'으로 받아드려 질 수도 있었을 것이다. 돌로 떡을 만들 수 있는 능력이 있으니 그렇게 하여 주린 배도 채우고 남는 것은 가난한 이들에게 줄 수도 있겠기에 말이다. 또한 그렇게 하여 하나님의 아들임을 증거하고 싶었는지도 모른다. 식민지 가난에 시달리고 있는 동포의 지도자가 되려면 이 정도는 할 능력이 되어야 하지 않겠느냐는 시험인 것이다.[21]

그러나 떡이 그리웠을 예수는 "사람이 떡으로만 살 것이 아니라 하나님의 입에서 나오는 모든 말씀으로 살 것"이라고 일갈하였다.[22] 여기에 예수가 예수다움을 여실히 보여주고 있다. 사람들이 물질적인 것을 삶의 푯대로 삼아 수단과 방법을 가리지 않고 물질과 부를 위해 불의와 타협하고 부정한 짓을 가리지 않는데 예수는 물질로 배 채우는 것과 부유하게 되는 것들이 삶의 목표가 될 수 없다고 선포한 것이다. 떡은 떡일 뿐이며, 돈은 돈일뿐이지 고귀한 삶의 목표가 되는 것은 아니라는 점을 분명히 한 사건이다.

예수를 넘어뜨리다 실패한 사탄은 '거룩한 성'으로 예수를 데리고 가 '성전 꼭대기'에 세우고 "네가 만일 하나님의 아들이라면 뛰어내려 보라. 그러면 하나님이 천사를 보내어 보호하지 않겠느냐"고 예수를 시험했다.23) 예수는 그렇게 함으로 하나님의 아들임을 보여주고 싶었을지도 모른다. 한번만 보여주면 사탄은 물러날 것이고 이 소문을 들은 사람들은 하나님의 아들이라고 예수를 잘 따르지 않겠는가고 생각했을지도 모른다. 그렇게 한다면 하나님의 아들이라는 명예와 명성을 얻어 그처럼 고난의 삶을 꾸리지 않을 것이라고 생각했음직도 하다.

그러나 예수는 이 속물적 명예나 명성을 시험하는 사탄에게 응하지 않는다. 그는 "주 너의 하나님을 시험치 말라"고 사탄을 꾸중하였다.24) 바로 여기에 예수가 예수다움을 다시 보여주고 있다. 사람들이 명예욕에 빠져 명예를 삶의 목표로 삼아 수단과 방법을 가리지 않고 명예라면 불의와 타협하고, 더러운 짓을 마다하지 않는다. 그러나 예수는 명예는 명예일 뿐이고 명성은 명성일 뿐 삶의 푯대가 되는 것이 아니라고 선포하였다.

아주 실망한 사탄은 마지막으로 예수를 '지극히 높은 산'으로 데리고 가 '천하만국과 그 영광'을 보여주고 만일 예수가 사탄에게 '엎드려 경배'하면 '모든 것'을 주겠다고 시험하였다.25) 단 한번 무릎을 꿇어서 세상 권력을 다 얻는다면, 한번 타협하여 세상을 다 얻을 수 있다면 세상 사람들은 모두 사탄에게 절을 할 것이다. 사람들은 권력을 준다면 한번 아니라 두 번, 세 번도 할 것이다. 이것이 세상 사람들의 삶의 풋대요 삶의 방식이다.

그러나 예수는 이 시험에 넘어가지 않았다. 예수는 "주 너의 하나님께 경배하고 다만 그를 섬기라"고 호통 치며 사탄을 물리쳤다. 권력은 권력일 뿐이며 세상 왕국을 얻는 것이 삶의 목적이 되지 못한다고 선언한 것이다. 삶의 목적은 남에게 군림하고 뽐내는 자리에 오르는 것이 아님을 보여준 것이다.

이 시험의 이야기는 예수가 다른 사람들에게 이 세상에서, 이 세상 방식대로 삶을 꾸리지 않았다는 것을 보여준 사건이다.[26] 이 이야기는 예수가 평생 동안 물질적 풍요나 사회적 명성이나 정치적 권력을 추구하며 살지 않았음을 증언해 주고 있다. 그런 것에 삶의 목적을 두고 삶을 꾸리지 않았다는 말이다. 나아가서 이후 전개되는 이른바 '예수 운동'이 이러한 세상적 부, 명예 그리고 권력을 추구하는 운동이 아니라는 점을 시사해 주는 사건이기도 하다. '예수 오심'이 그러하고, '임마누엘'이 그러하듯, 이 사건에서도 예수는 이 세상의 질서나 세속적 삶의 목적과 방법이 아니라 사람들 사이에 통하는 상식의 세상과는 다른 새로운 질서, 새로운 삶의 목적과 방식, 그리고 사람들의 상식으로는 이해가 되지 않는 세상을 그리워하며 추구하는 '예수 운동'을 예견시켜 주는 사건인 것이다.

갈릴리로, 예루살렘으로 그리고 골고다로

곧 "회개하라 천국이 가까웠느니라"라는 '예수 운동'의 선포를 하게 된다. 이 '예수 운동'의 선포는 제자 선택으로 이어진다. 그는 가버나움과 같은 갈릴리 호수 주변 마을에서 제자들을 선택한다.[27] 복음서에 의하면, 시몬 베드로, 안드레, 야고보, 요한, 빌립, 바돌로메, 도마, 마태, 알패오의 아들 야고보, 다대오, 가나안 사람 시몬과 가룟 유다 등 이른바 '12제자'를 선택하였다.[28] 세리 마태를 비롯하여 몇을 빼면 거의 모두가 갈릴리 호수에서 고기를 잡아 삶을 꾸리던 어부들이었다. 그래서 이들을 제자로 삼을 때 "나를 따라 오너라. 내가 너희로 사람을 낚는 어부가 되게 하리라"고 하였다.[29] 사람을 '구원하는 것'이 이들을 선택한 이유이며 이는 또한 '예수 운동'이 지향하는 바를 암시해주고 있는 것이기도 하다.

'예수 운동'을 위해 선택한 제자들의 면면을 보면서 많은 이들이 의아해 할지도 모른다. 왜 유식하고 영향력 있는 종교지식인들을 선택하지 않았는가? 왜 예루살렘의 명망가들을 제자로 삼지 않았는가? 왜 예루살렘 밖에서, 그것도 아무도 알아주지 않고 배우지 못한 어부들을 선택하였는가? 특히 이 제자들의 이후 행적을 살피면, 왜 예수는 이런 의심 많고 확신도 없으며 더구나 배신하고 팔아버리는 인간들을 제자로 삼았는지 상식이 있는 사람이라면 의아해 하지 않을 수 없다.30) 당시 유대사람들이 보기에 교육도 못 받고 교양도 없으며 신분이 미천한 인간들을 제자로 삼은 것이다. 바로 여기에서도 '예수 운동'의 성격을 볼 수가 있다.

기존의 시각으로 예수 제자들의 면면을 보면 인간쓰레기요, 쓸모가 없는 인간잡동사니임에 틀림없다. 예루살렘의 시각에서 보면 무식한 인간들이고 미천하고 품위가 없는 인간들이다. 그러나 예수의 시각으로 보면 바로 이들이 대안의 삶, 대안의 질서, 대안의 세계를 가르치는 '예수 운동'에 합당한 자들이었을 것이다. 이 제자들은 바리세인들이나 사두개파 사람들처럼 예루살렘에서 거드름을 피운 적도 없고 로마의 질서에 들어가 삶을 꾸리려 한 적도 없는 이들이다. 아니 그럴 기회를 전혀 가져보지도 못한, 그래서 한을 품고 있는 이들일 것이다. 그렇기에 이들은 예수의 '하나님 나라'라고 하는 새(대안의) 질서, 새 삶의 목적과 방식을 기꺼이 받아들이고 기꺼이 생업을 포기하고 '새 소망'을 꿈꾸는 예수 운동에 나설 수 있는 이들이었다. 바리세인들이나 사두개파 사람들이 그들의 기존질서에서 누리던 권위나 영예 그리고 영향력의 자리를 쉽게 버리고 새로운 질서를 추구하겠는가.

갈릴리에서 제자들을 선택하고 난 후 예수는 이들과 더불어 새로운 질서, 하늘나라를 이루려는 대장정에 나선다. 로마제국에 항거하는 봉기가 빈번했던 갈릴리에서 '예수 운동'의 불을 붙였다. 갈릴리 곳곳을 방문하여 '하늘나라'를 설파하며 여러 병든 자들을 고쳐주기도 하였다. 소문을 듣고 갈릴리 인근 여러 지방의 병자들과 그들 가족들이 병 고침을 위해 모여들고 예수는 이들의 병을 고치고 하늘나라의 복음을 설파하였다.31) 예수는 어느 곳을 가도 무리가 모이는 유명한 인물이 되었다. 병을 고치는 등 여러 이적을 행해서도 그렇지만, 무엇보다도 이제까지 들어보지 못한 '새로운 가르침'(다음 마당에서 그 중요 부분을 다룰 것이다) 때문이다.32)

예수가 이렇게 영향력 있는 지도자로 떠오를 때 이를 시기하고 두려워하는 세력이 있었다. 그들은 바로 예루살렘을 중심으로 한 유대 종교지도자들이었다. 앞서 말한 바와 같이 바리세파 사람들과 사두개파 사람들을 비롯한 예루살렘 성전의 제사장들과 장로들 같은 유대종교의 기득권을 가진 이들에게는 민중들에게 인기를 더해가는 예수와 '예수 운동'은 무시할 수 없는 위협이었다. 예루살렘 성전, 율법 그리고 유대전통을 강조함으로 그들의 기득권을 유지하고 있는데, 예수와 '예수 운동'은 반 성전, 반 율법 그리고 반 전통을 설파하고 있었던 것이다. 예수는 이제 제거해야만 하는 위협적 존재인 것이다.

이런 상황인데도 예수는 또 하나의 차별의 땅 사마리아를 거쳐 예루살렘으로 들어갔다. 예수는 이른바 '예루살렘 입성'을 의미 있는 '사건'으로 만들었다. 이를테면 구약에 나오는 대로 (왕은) 겸손하여 나귀, 곧 멍에 메는 짐승의 새끼를 타고 입성하였다.33) 위엄의 메시아, 군림의 왕의 모습이 아니라 겸손의 메시아, 고난을 짊어진 왕을 보이고자 한 듯이 말이다. 이것이 사람들에게 호기심을 자극한 것일까. 예수가 예루살렘으로 들어갈 때 수많은 사람들이 나와 "호산나! 다윗의 자손이여 찬송하리로다. 주의 이름으로 오시는 이여 가장 높은 곳에서 호산나"라고 환호성을 외치며 따랐다. 여기에서도 "온 성이 소동"하였다고 기록하고 있다.34) 예수 나심의 소식을 듣고 예루살렘이 '소동'한 것처럼, 예수의 예루살렘 입성에 또 다시 '소동'한 것이다. 예수의 존재, 예수의 가르침이 기존 질서에서 안주하고 삶을 꾸리는 헤롯왕, 종교지도자들 그리고 그 주변에 있던 사람들에게는 '두려움' 그 자체였던 것이다. 예수는 이들이 있는 예루살렘을 피하지 않고, 이들이 있는 그 예루살렘으로 겸손의 메시아로, 고난의 왕으로 들어간 것이다.

유월절을 맞아 제자들과 이른바 '최후의 만찬'을 하고 겟세마네 동산으로 가 깊은 명상에 잠긴다. 아마도 죽음이 임박했음을 인지한 것처럼 말이다. '온전한 하나님이자 온전한 인간'인 그는 제자들에게 "심히 고민하여 죽게 되었으니"라고 고백하는, 죽음을 앞두고 번민하는 모습에서 우리는 그의 측은한 인간의 모습을 본다.35) 어떤 이는 이 예수를 "인간적인 너무나 인간적인" 모습을 보여준다고 쓰고 있다.36) 그렇다, 예수는 자기에게 다가오는 죽음을 인지하고 "아빠 아버지여 아버지께는 모든 것이 가능하오니 이 잔을 내게서 옮기시옵소서"라고 울부짖는다.37) 그러나 그는 "나의 원대로 마옵시고 아버지의 원대로 하옵소서"라고 죽음을 받아들이고 있다.38)

그렇다, 죽음을 삶의 끝이라고 여기는 사람들은 모두 죽음을 두려워한다. 그래서 죽음은 인간들에게 가장 중요한 문제이고 관심사였다. 힌두 철학자들은 죽음이 삶의 끝이 아니고 삶에서 죽음으로, 죽음에서 삶으로 끊임없이 이어진다는 삼사라(samsara, 윤회)라는 가르침으로 인식한다. 불교를 창건한 싯다르타 가타마도 이를 따랐다. 죽음을 삶의 끝으로 보지 말자는 것이다. 그러나 예수는 인간의 삶을 힌두 철학자들처럼 삼사라로 인식하지 않는다. 죽어 부활하여 이 세상이 아니라 '하늘나라'의 삶으로 이어진다고 가르쳤다. 모두가 두려워하는 죽음을 죽음 너머에 '하늘나라'의 삶이 있다는 믿음과 가르침으로 죽음문제를 해결한 것이다. 죽음은 삶의 끝이 아니고 죽음은 새로운 삶의 시작일 뿐이라는 그 믿음으로 예수는 다가오는 죽음의 상황을 맞고 있었다.

우리가 익히 알고 있는 바와 같이, 예루살렘을 근거지로 로마 식민통치와 적절히 타협하며 삶을 꾸려온 유대 종교지도자들과 그 주변 인물들은 예수의 제자 가룟 유다를 매수하여 겟세마네의 한 동산에서 기도하던 예수를 체포하였고 대제사장의 집으로 끌고 갔다.[39] 다음날 유대 최고 종교재판소인 이른바 산헤드린 공회로 예수를 데리고 가 심문하였다. 대제사장들과 서기관들이 다음 두 가지를 집중적으로 물었다. 그것은 예수가 그리스도인가 하는 것과 예수가 하나님의 아들인가 하는 점이다. 예수는 첫 질문에 "내가 말할지라도 너희가 믿지 아니할 것이요, 내가 물어도 너희가 대답지 아니할 것이니라. 그러나 이제 후로는 인자가 하나님의 권능의 우편에 앉아 있으리라"고 대답하고 둘째 질문에는 "너희 말과 같이 내가 그니라"라고 응답하였다.40) 이에 심문하던 대제사장들과 서기관들은 예수가 스스로 '신성모독죄'를 인정하였다고 보고 로마총독인 빌라도(Pontius Pilate)의 법정으로 끌고 갔다. 산헤드린 공회의 고발내용은 "우리 백성을 미혹하고 가이사에게 세금 바치는 것을 금하며 자칭 왕 그리스도"라고 하며 다닌다는 것이다.41)

빌라도는 직접 예수를 심문하였지만 죄를 발견하지 못한다. 그러나 대제사장들과 서기관들 그리고 이들에게 동원된 무리들이 '십자가 형'을 요구하며 소리를 질러대었다. 그는 예수를 훈방 조치할 속셈으로 유대명절인 유월절을 기해 '민란과 살인'으로 수감 중인 바라바를 불러내어, 모인 무리들에게 예수와 바라바 가운데 누구를 사면하기를 원하느냐고 물었다. 예수를 선택할 것으로 믿고 말이다. 그러나 무리들은 빌라도의 의도와는 달리 바라바를 사면하고 예수를 십자가형에 처형하라고 요구하였다. 이에 빌라도는 무리들이 '요구하는 대로' 언도하고 예수를 그들에게 넘겨주었다. 빌라도의 인민재판으로 예수는 사형장으로 끌려가게 되었다.42)

사형장 골고다로 향하는 길에, 삶의 끝을 향해 가는 예수는 "네가 하나님의 아들이냐", "네가 메시아냐"라고 비난, 조롱 그리고 멸시를 받았다. 십자가에 못 박히고 옆구리가 창에 찔려 피와 땀을 쏟아내며 임종하기까지 몇 시간, 그는 그야말로 삶의 끝을 비참하게 마감하였다. 그를 죽기까지 따르겠다는 제자들의 모습도 보이지 않았다. 그는 제자들로부터도 버림을 받았다. 이 극한 상황에서, 예수는 "엘리 엘리 라마 사박다니"라고 울부짖는다. "나의 하나님, 나의 하나님, 어찌하여 나를 버리시나이까"라는 예수의 울부짖음, 여기에는 모두에게 버림받은 예수, 이제 하나님조차도 '나를 버리시는가' 하는 애절함과 비통함이 베어있는 것 같다.[43] 모두가 버린 예수는 이렇게 삶을 마감하였다. 이 죽음을 보면 그는 분명 '실패한 사람'이었다. 망가질 대로 망가진 비참한 실패 그 자체였다.

아낌없이 주는 나무

내 '울타리 안의 이웃'을 사랑하는 것, 이것은 예수가 말하는 '이웃사랑'이 아니다. 이러한 사랑은 이 '세상나라'에 속한 사람들이라면 누구나 하는 흔한 사랑이다. 예수가 말하는 '이웃사랑'은 나를 넘어, 나의 가족과 '보이는 이웃', 이를테면 내 '울타리 밖의 이웃'에 대한 사랑을 말한다. – 본문 중

3.
예수의 부활 그리고 가르침

33년 동안 이 세상에 있으면서, 특히 마지막 3년 동안 적극적으로 펼치었던 '예수 운동'은 예수가 십자가 위에서 처참하게 죽음으로 종말을 고하는 듯 했다. 예수로 시작된 '예수 운동'은 그의 죽음으로 종지부를 찍어야 했다. 그를 따르던 제자들도 어디론가 사라졌으니 '예수 운동'이 계속되리라고는 아무도 생각할 수 없다. 바로 이것을 노리고 대제사장들과 서기관들이 음모하여 예수를 죽인 것이다. 그러나 죽은 예수는 사흘 만에 다시 살아났다. 부활한 것이다.

예수의 부활

성서 여러 곳에는 예수의 부활에 대한 기록을 담고 있

다. 아리마대 요셉이라는 사람이 빌라도의 허락을 받고 예수의 시체를 그의 가족 무덤에 안치시켰다.44) 죽은 지 사흘 되는 날 아침 일찍이 막달라 마리아, 야고보의 어머니 마리아 그리고 살로메가 예수의 시체에 향품을 바르기 위해 무덤으로 갔으나 무덤의 돌문은 열려있고 예수의 시체가 그곳에 없다는 사실을 알게 된다. 놀라워하는 이들에게 '흰옷을 입은 한 청년'이 "십자가에 못 박히신 나사렛 예수를 찾는구나. 그가 살아나셨고 여기 계시지 아니하리라. 보라 그를 두었던 곳이니라. 가서 그의 제자들과 베드로에게 이르기를 예수께서 너희보다 먼저 갈릴리로 가나니… 너희가(예수를) 거기서 뵈오리라" 하는 기록이 있다.45)

부활한 예수는 하늘로 올라갈 때까지 여러 사람에게 나타나 그가 부활하였음을 보이었다. 다시 산 예수는 막달라 마리아와 다른 여인들에게 나타났고, 도한 엠마오로 가는 두 제자에게, 베드로에게 그리고 제자들에게 여러 번이나 나타났다.46) 심지어는 '500여 형제들'이 모인 자리를 비롯하여 여러 곳에서 여러 사람들에게 부활한 예수는 스스로를 보여주었다.

이 부활에 대하여 많은 이들을 생물학적으로 과학적으로 믿지 못한다고 말한다. 물론 과학의 시대에 죽은 자가 사흘 만에 다시 살아났다는 이야기는 이 예수의 부활사건

말고는 들어본 적이 없다. 그러나 우리는 부활사건에 대하여 과학적으로 증명할 수 있다거나 없다거나 하는 논쟁을 하며 '예수 부활'의 참뜻을 간과해서는 안된다.47) 우리가 '처녀의 몸을 통한 탄생'을 논의할 때와 마찬가지로 '예수의 부활'도 생물학적으로 또는 자연과학적으로 증명이 된다, 안된다하고 시간을 보내기보다 예수를 믿는 이들은 예수의 부활을 믿는다고 고백하고 있다는 사실을 중하게 여기고 그 뜻을 새기고자 한다.

예수를 믿는 이들은 예수가 '죽음 문제'를 해결한 유일한 존재로 고백한다. 그는 모든 이들이 죽음을 삶의 끝이라고 믿고 두려워하는데 예수는 죽음이 삶의 종말이 아니고 '다른 삶'의 시작이라는 가르침을 스스로 보여주며 가르쳤다. 그 '다른 삶'은 '하나님의 나라'인데, 기독교인들이 흔히 말하는 '천국'이다. 뒤에서 자세히 논의하겠지만, 이 '하나님의 나라'는 하늘 어디쯤, 이를테면 태양이나 어떤 별 뒤에 있다고 믿는 그러한 공간적인 개념이 아니다. 세속적 의미에서 물질이 풍요하고 행복이 넘쳐나는 그러한 세상이 아니다. 예수가 말한 '하나님의 나라'는 이러한 세속적 풍요나 행복을 넘어 이 세상 것들이 무의미한 '나라'다. 예수의 부활은 이러한 뜻에서 죽음을 이긴 사건이고, 죽음 그 다음의 나라, 그 나라의 질서, 그 나라의 삶의 방식을 또 한 번 선포한 사건이다. 그래서 그는 "나는 부활이요 생명이니 나를 믿는 자는 죽어도 살겠고 무릇 살아서 나를 믿는 자는 영원히 죽지 않는다"고 자신 있게 말할 수 있었던 것이다.48)

예수의 죽음으로 두려움과 그리고 절망으로 뿔뿔이 흩어진 제자들을 비롯한 이른바 '예수 운동꾼들'은 예수의 부활로 다시 힘을 얻고 조직화하기 시작하였다. 그들이 따르던 예수는 '하늘나라'로 갔지만 또 다시 온다는 그의 약속을 굳게 믿고 '예수 운동'의 깃발을 높이 하고 예수의 가르침을 전파하기 시작하였다.49)

예수의 가르침

예수가 이 세상에 있을 때 스스로 가르친, 그리고 그가 부활하여 하늘나라로 간 이후 그의 제자들이 예수의 가르침이라고 전파한 것을 중심으로 예수의 가르침을 살펴보자. 우리는 여기에서 이 모든 것을 다 논의할 수는 없지만 그의 가르침 가운데 대표적이고, 그래서 기독교의 핵심이라고 생각되는 몇 가지를 논의해보자.

1) 하나님의 나라

예수는 이 세상에서 '출세' 하는 것을 가르치지 않았다. 이 세상 질서에서 권력을 잡고, 부자가 되며 그리고 유명한 사람이 되는 길을 가르치지 않았다. 오히려 예수는 이 세상의 질서를 넘어서는 질서, 이 세상 나라가 아니라 이 세상 나라와는 아주 다른 나라, '하나님의 나라'를 소개하고 가르쳤다. 그렇기에 그 '하나님의 나라'에서 행복하다는 것, 잘산다는 것, 출세한다는 것은 이 세상 나라에서 행복하다는 것, 잘산다는 것, 출세한다는 것과는 너무도 다르다. 이 '하나님의 나라'는 예수의 삶, 죽음 그리고 부활로 선포된 참뜻이며 그래서 그의 가르침의 궁극적 목표이다.

예수의 '하나님의 나라'는 저 하늘 어디에 동화적이고 공간적인 개념의 '나라'가 아니다. '나라'라는 어원을 따져보면, '나라'가 '주권'의 뜻을 가지고 있어 '하나님의 나라'라는 것은 '하나님이 주권을 가지고 통치하는 질서'라고 생각된다.50) 그런데 이 하나님의 나라는 이미 완성되어 어디에 존재하는 그러한 나라, 그리고 예수 믿는 이들은 죽어서 그곳으로 들어간다는 뜻보다는 예수를 믿으면 '하나님이 주권을 가지고 통치하는 질서'와 이어지는 어떤 상태 또는 과정이라고 하는 이도 있고 어떤 방향성이라는 신학자들도 있다.51)

분명한 것은 예수가 말한 '하나님의 나라'는 이 세상의 질서와 다른 세계이다. 이것은 세상 사람들이 '복'이라고 일컫는 것들, 다시 말해서 권력, 부, 명예와 같은 것들이 아무런 의미가 없는 '나라'다. 권력이나, 부 그리고 명예를 향해 삶을 꾸리는 이 세상의 삶이 아니라 이를 넘어 새로운 삶, 섬김을 받으려는 삶이 아니라 섬기려는 삶, 군림의 삶이 아니라 봉사의 삶, 잘난 체하는 삶이 아니라 겸손의 삶이 풍성한 곳, 바로 그곳이 하나님의 나라인 것이다. 그래서 예수는 부를 삶의 목적으로 인생을 꾸민 부자는 이러한 '하나님의 나라'에 들어가기가 "약대가 바늘귀"로 들어가는 것보다 더 어렵다고 했다.52) 미움의 질서가 아니라 사랑이, 대결이 아니라 화해가 있는 곳, 바로 그곳이 하나님의 나라인 것이다. 이러한 질서를 추구하는 과정에서 이미 하나님의 나라를 체험하는 것이다.

이 하나님의 나라에는 사람이 만든 율법, 사람의 방식, 사람의 잣대가 아무런 의미가 없다. 하나님의 나라에는 하나님의 법, 하나님의 방식, 하나님의 잣대가 있다. 인간이 만든 계급이나 신분차별은 그곳에 없다. 피부색이 다르고 성이 다르다 하여 차별하는 일은 그곳에 없다. 지방색도 없고 이념대결도 없다. 이러한 인종차별, 성차별, 계급이나 신분 구분, 민족 간 대결이나 이념 대결은 이 하나님의 나라에는 없다. 그곳에는 높이 올라가려거나, 부자가 되려는, 또 누구보다 앞서 잘난 체 하려는 경쟁이 없다. 예수가 선포했듯이 '그의 나라', 다시 말해서 하나님의 나라는 '이 세상'에 속한 것이 아니다.53) 그래서 하나님의 나라는 이 세상 나라와는 너무도 다른 것이다.

그렇기에 이 하나님의 나라는 오로지 부나 권력 그리고 명예의 쟁취가 삶의 목표인양 이를 믿고 그리고 이를 위해 삶을 꾸리는 사람들이 가질 수 없다. 하나님의 나라는 하나님을 믿고 하나님의 법대로, 하나님의 방식대로, 하나님의 잣대대로 사는 이들이 향유하게 되는 것이다. 세상의 삶이 아니라 이를 넘어서는 새로운 질서-하나님의 나라를 갈구하는 이들만이 이곳에 이를 수가 있는 것이다.54) 그것은 회개라는 관문을 통과함으로 가능하다.

'회개'라는 말은 예수가 세례 요한에게 세례를 받고 그리고 광야에서 사탄에게 세 가지 시험을 받은 후 '예수 운동'을 시작할 때 맨 처음 한 말이다. "회개하라 천국이 가까웠느니라"고 선포한 것이 바로 그것이다. 기독교 윤리학자 문시영의 설명을 들어보자.

"회개란 삶의 방향 전환이다. 그것은 새로운 사람이 되기 위한 옛 모습의 탈피인 동시에 하나님을 향하여 방향을 전환하는 일종의 유턴(U-turn)이다. 인간은 본래 하나님과 대화하는 파트너였으며 하나님을 기쁘시게 하며 하나님의 영광을 위하여 살아야 하는 존재이다. 그러나 아담과 하와의 범죄에 나타난 것처럼 인간은 하나님을 거부하고 배신하며 하나님 없이도 살 수 있다는 교만을 드러냈다.

인간은 죄인이 되어 하나님에게 등을 돌리고 죄를 향하여 달음질하고 있으며, 그 결과 죽음을 맞이해야 하는 존재가 되고 말았다.

회개란 하나님을 향하도록 지음 받은 인간이 등을 돌려 죄를 향하여 달려가던 길에서 돌이키는 것이다. 죄를 향하던 사람이 그 삶의 방향을 바꾸어 하나님을 향하여 돌아오는 것이며 하나님을 배신하던 사람들이 하나님을 기쁘시게 하는 삶을 살기로 마음을 돌이키고 삶의 방향을 전환하는 것을 말한다."[55]

그렇다. 하나님을 두려워하지 않고, 하나님의 나라를 그리워하지 않고 세상의 물질과 권력 그리고 명예를 삶의 목표로 삼아 탐욕적이고, 군림하고 그리고 뻐기는 사람들이 그러한 삶이 잘못되었다고 고백하고 하나님에게, 그가 주권을 가지고 통치하는 나라를 그리는 삶으로 전환하는 것이 회개이다. 이 회개의 관문을 통과하여야만 하나님의 나라를 향유할 수 있는 것이다. 이 하나님의 나라를 향유하는 이들을, 그들의 속성을 예수는 이른바 '산 위에서 하신 설교'(Sermon on the Mount)에서 자세히 설명하고 있다.

2) '산 위에서 하신 설교'56)

이른바 산상수훈 또는 산상보훈으로 알려진 이 설교에는 '여덟 가지 복'을 가르치고 있는데 하나님의 나라가 이러한 이들의 것이라고 하였다.

첫째, "심령이 가난한 자는 복이 있나니 천국이 저희 것임"이라고 예수는 가르쳤다. '심령이 가난한 자'(the poor in spirit)란 하나님 없이도 삶을 꾸릴 수 있다는 교만을 버리고 하나님의 은총으로 사는 하잘 것 없는 존재라고 고백하는 이들이다. 건방지고 교만하여 거드름 피우는 이가 아니라 아무것도 가진 것 없는 존재, 아무것도 아닌 존재를 고백하는 이다. 하나님의 나라는 이러한 이들의 것이라고 했다.

둘째, "애통하는 자는 복이 있나니 저희가 위로를 받을 것임"이라고 했다. '애통하는 자'(those who mourn)는 영적으로 아무런 존재가 아님을 깨닫는 이가 이것을 슬퍼하고 애통해하므로 하나님의 위로를 받는다고 가르쳤다. 죄인이라는, 그리고 스스로가 아무것도 아니고 아무것도 할 수 없는 존재라는 자기 정체성을 확인하고 이를 슬퍼하는 겸손의 사람이 위로를 받는다는 것이다.

셋째, "온유한 자는 복이 있나니 저희가 땅을 기업으로 받을 것"이라고 했다. '온유한 자'(the meek)란 모든 것이 하나님의 은총이니 그 하나님에게 겸손하고 온유한 마음을 가지고 삶을 꾸리라는 것인데 비록 다른 이들처럼 권세를 쫓지 않아도 바로 이러한 이들이 '땅'을 기업으로 얻는다는 것이다.

넷째, "의에 주리고 목마른 자는 복이 있나니 저희가 배부를 것"이라고 가르쳤다. '의에 주리고 목마른 자'(those who hunger and thirst for righteousness)란 하나님의 나라 사람으로 의로움을 삶의 푯대로 삼아 이를 향해 돌진하는 이들, 의로움을 갈망하고 이를 위해 삶을 꾸리는 이들이다. 이들이 세상 사람들처럼 부를 쫓지 않아도 풍족한 삶을 꾸린다는 것이다.

다섯째, "긍휼히 여기는 자는 복이 있나니 저희가 긍휼히 여김을 받을 것"이라고 설파하였다. '긍휼히 여기는 자'(the merciful)란 예수가 십자가에 못 박은 이들조차 불쌍히 여기고 용서한 것처럼 하나님의 나라에 속한 이는 가난한 자 그리고 원수조차도 그들의 영혼을 불쌍히 여기고 용서하고 사랑을 하는 자다. 바로 이런 이들이 예수의 용서와 사랑을 받게 된다는 가르침이다.

여섯째, "마음이 청결한 자는 복이 있나니 저희가 하나님을 볼 것"이라고 가르쳤다. '마음이 청결한 자'(the pure in heart)란 하나님을 향한 진실한 마음으로 다른 사람들을 대하는 이들이다. 이런 이들이 하나님을 보고, 이런 이들이 하나님의 나라에 속한 사람들이라는 교훈이다.

일곱째, "화평케 하는 자는 복이 있나니 저희가 하나님의 아들이라 일컬음을 받을 것"이라고 했다. '화평케 하는 자'(the peacemakers)란 말 그대로 하나님의 마음을 가지고 갈등, 쟁투, 분쟁, 전쟁의 이 땅에서 평화를 추구하고 화목한 세상을 이루려는 이들이다. 하나님이 그렇고 예수가 그러했으니 이렇게 삶을 꾸리는 이들은 하나님의 자녀라는 이름을 얻게 된다는 말이다.

여덟째, "의를 위하여 핍박을 받는 자는 복이 있나니 천국이 저희 것임"이라고 설교하였다. '의를 위하여 핍박을 받는 자'(those who are persecuted for righteousness' sake)란 이 땅에서 하나님의 나라를 기리고 그 기준대로 의롭게 살다가 고난을 받는 이들을 말한다. 이런 이들이 하나님의 나라를 향유한다고 설명하였다.

여기에서 우리는 어떤 이들이 하나님의 나라를 얻고 어떤 사람들이 하나님의 나라에 속한 이들인지를 밝히 알게 된다. 하나님의 나라를 얻게 되는, 다시 말해서 '복' 받는 이들은 가난하고, 애통하고, 온유하고, 의에 주리고 목말라 하고, 긍휼히 여기고, 마음이 청결하고, 화평케 하고, 의를 위하여 핍박을 받는 이들이다. 바로 이 소망 없는 이들이 하나님에게 의지하여 소망을 가지려 하는 이들이다. 이들은 남에게 거드름을 피우거나 뻐길 것이 없는 사람들이다. 이 세상에서 권력, 부 그리고 명예를 가지지 못한 그야말로 밑바닥에 있는 이들, 비웃음 받는 이들이다. 부유하게 살고, 아무런 슬픔이 없는 사람, 남에게 군림하며 잘난 체 하는 오만한 사람, 출세를 위해서는 불의도 마다하지 않는 이들, 어디를 가나 쟁투를 일삼는 이들은 하나님의 나라를 얻지 못한다는 가르침이다. 하나님의 나라는 '로마의 질서'에 안주하고 그 안에서 만족해하는 이들의 것이 아니라, '로마의 질서'를 넘어서 다른 질서를 갈망하고 다른 방식으로 삶을 꾸리고자 하는 이들의 것이다.

3) 사랑

'로마의 질서'와 다른 세상인 하나님의 나라를 기리는 이들은 삶의 방식 또한 로마의 것과 달라야 한다. 로마의 질서에서는 군림, 뻐김 그리고 거드름이 삶의 방식이었다면 '하나님의 나라'에서는 섬김, 겸손 그리고 사랑이 삶의 방식이다. 섬김과 겸손과 사랑은 절대자인 하나님에 대한 마음가짐이자 다른 사람에 대한 태도를 말한다. 겸손과 섬김은 모두 사랑에서 출발한다.

어떤 서기관이 예수를 책잡기 위해 계명 가운데 첫째가 무엇인가고 물었다. 이에 예수는 "첫째는 이것이니…. 주 곧 우리 하나님은 유일한 주시라. 네 마음을 다하고 목숨을 다하고 뜻을 다하고 힘을 다하여 주 너의 하나님을 사랑하라"는 것이고.57) "둘째는 이것이니 네 이웃을 네 몸과 같이 사랑하라는 것이니 이보다 더 큰 계명이 없다"고 대답하였다.58) 예수는 "내 계명은 곧 내가 너희를 사랑한 것 같이 너희도 서로 사랑하라 하는 것"이라고 천명하거나 권면하는 기사가 성서 여러 곳에 빈번히 나타나있다.59) 그렇다, 예수의 가르침 그 핵심은 사랑이다. 하나님에 대한 사랑, 그리고 인간에 대한 사랑이다.

재미있는 것은 인류역사에서 가장 많이 쓰이고 쓰이는 말이 '사랑'이다. 애인에 대한 사랑, 가족에 대한 사랑, 이웃에 대한 사랑을 비롯하여 '나는 너를 사랑한다', '너 나 사랑하니'라고 하는 말과 같이 시간과 공간을 초월하여 사람이 가장 많이 사용하는 말이 '사랑'이다. 그러나 인간들의 사랑은 조건에 기댄 사랑이다. 잘 생겨서, 부유해서, 교육을 잘 받아서, 가문이 좋아서, 쉽게 말하면, 조건이 좋아서 사람들은 사랑한다. 그가 나를 사랑하기 때문에 나도 그를 사랑한다는 것도 조건적 사랑이다. 그렇기 때문에 인류의 역사는 계급 사이의 쟁투의 마당이었고 민족이나 국가 사이의 전쟁의 기록이었다. 그렇기 때문에 이 세상은 미움, 질투, 시기로 넘치고 있다.

그러나 예수가 가르치고 몸소 보인 사랑은 조건 때문에 사랑하는 것이 아니라 조건을 넘어선 절대적 사랑이다. 하나님이 인간을 사랑하시어 스스로 인간의 몸으로 와(incarnation)인간과 더불어 살면서(Immanuel) 그들을 구원하고 그들에게 삶의 본보기를 보여주었던 예수 오심의 사건도 절대적 사랑의 표본이다. 33년을 살다 십자가에 못박혀 죽임을 당하고 사흘 만에 부활하여 하나님의 나라로 간 사건도 인간 구원, 인간 사랑의 절대적이고 일방적인 행동이었다. 조건 때문에 사랑을 하는 것이 아니라 '이러이러한 조건에도 불구하고' 사랑한 행동이다. 그렇기에 이 세상에 있을 때 그가 가르친 교훈의 핵심은 절대적, 일방적 사랑을 하라는 것이다. 예수가 이러한 사랑 그 자체인 것이다. 이것은 인간들에게 하나님, 그의 나라의 질서, 예수 그리스도의 가르침에 대한 절대적 신뢰와 헌신을 요구하는 것이다. 사랑한다면 그에 대한 일방적 그리고 절대적 헌신은 당연한 귀결이다.

하나님에 대한 이러한 사랑과 헌신은 '이웃 사랑'으로 이어져야 한다고 예수는 가르쳤다. 나 자신을 사랑하는 것, 내 가족을 사랑하는 것, 내 '울타리 안의 이웃'을 사랑하는 것, 이것은 예수가 말하는 '이웃 사랑'이 아니다. 이러한 사랑은 이 '세상 나라'에 속한 사람들이라면 누구나 하는 흔한 사랑이다. 예수가 말하는 '이웃 사랑'은 나를 넘어, 나의 가족과 '보이는 이웃', 이를테면 내 '울타리 밖의 이웃'에 대한 사랑을 말한다. 내 '울타리 안의 이웃'뿐만 아니라 이란의 지진으로 곤경에 처한 이들, 이라크에서 전화로 고통당하는 민중, 굶주리고 있는 아프리카 사람들과 같은 우리가 보지도 만나지도 못한 이른바 '낯선 이웃'이 하나님의 나라에 속한 이들의 사랑의 궁극적 대상이 되어야 한다.

민들레 홀씨처럼..

바람 불면 없어져 버리는 민들레 홀씨. 그러나 씨앗은 사라지지 않고 세상 여기저기를 다니다 마침내 한 땅에 떨어져 새 싹을 틔운다.

4.
기독교의 태동
- 팔레스타인에서 로마로

앞서 말했지만, 부활이 없었다면 교회는 생겨나지 않았을 것이라고 교회사학자 베인톤이 말한 적이 있다.60) 그렇다, 부활이 없었다면 두려워서 또는 낙담해서 뿔뿔이 흩어진 제자들이 다시 모이지 않았을 것이다. 부활하여 다시 나타난 예수를 보고 힘을 얻은 제자들을 비롯한 이른바 '예수 운동꾼들'은 다시 집결하기 시작하였다.

다락방 성령강림 사건

성서에는 예수가 하나님의 나라로 간 날부터 한 열흘 뒤 유대의 명절 가운데 하나인 오순절(五旬節, Pentecost)

에 예루살렘 마가의 다락방에 이들이 모였다는 기사가 있다. 교회사학자들은 이 모임이 교회의 시작이라고 한다. 성서에 나오는 이 모임에 대한 기록한 구절을 따와 보자.

"오순절이 되어서, 그들은 모두 한 곳에 모여 있었다. 그 때에 갑자기 하늘에서 세찬 바람이 부는 듯한 소리가 나더니, 그들이 앉아 있는 온 집안을 가득 채웠다. 그리고 불길이 솟아오를 때 혓바닥처럼 갈라지는 것 같은 혀들이 그들에게 나타나더니, 각 사람 위에 내려앉았다. 그들은 모두 성령으로 충만하게 되어서, 성령이 시키시는 대로, 각각 방언으로 말하기 시작하였다."[61]

예수 부활에 힘입고, 예수가 하나님의 나라로 가 다시 온다는 확신을 갖게 된 이 '예수 운동꾼들'이 유월절에 한 곳에 모여 하나 됨을 영적으로 체험한 사건에 대한 기사다. 성령으로 하나 된 이들은 각기 다른 방언을 하나 서로가 무슨 말을 하는지를 알 정도로 응집력이 강하고 예수 그리스도에 대한 확신이 넘치는 무리로 변화하는 장면 그 자체이다.

이를 본 사람들은 술에 취한 사람들의 행위라고 비방할

정도로 보통 사람들에게는 이해가 되지 않는 일이었다. 그러나 이 모임을 통해 확신에 찬 베드로가 비방하는 이들을 향해 "소리를 높여", "이 사람들이 취한 것"이 아니라고 변명하고 나섰다.62) 예수를 세 번이나 모른다고 한 겁쟁이 베드로63)가 예수 오심, 죄 없는 예수의 죽음, 그의 부활과 승천, 그리고 다시 오신다는 것을 당당히 나서서 외친 기사가 뒤따르고 있는데 이를 주목하여야 한다.64) 그렇다, 이른바 오순절 다락방의 성령강림이라는 사건은 겁쟁이 베드로를 비롯한 예수를 따르는 이들이 예수의 부활로 다시 뭉쳤고 예수의 승천 이후 집단적으로 확신한 무리, 용기의 무리로 변한 종교적 체험 사건이다.

이를 계기로 '예수 운동꾼들'은 예수의 가르침을 확신과 용기를 가지고 선포하기 시작했는데 예루살렘, 갈릴리 지방, 사마리아 지역을 비롯한 여러 곳에 흩어져 살고 있던 유대인들에게 폭발적으로 확산되게 되었다. 예수가 하나님의 나라로 가기 전 "오직 성령이 너희에게 임하시면 너희가 권능을 받고 예루살렘과 온 유대와 사마리아와 땅 끝까지 이르러 내 증인이 되리라"고 한 것처럼,65) 이들이 죽음을 이긴 예수의 사도답게 박해와 죽음을 두려워하지 않고 "땅 끝까지" 예수의 가르침을 전파하기 시작한 것이다.

그러나 예수의 가르침의 전파 그리고 예수 운동을 위한 공동체의 확대가 순조로운 것은 아니었다. 앞서 살핀 바와 같이 예수의 삶 자체가 그렇고, 그의 가르침 또한 그러했기 때문에 유대교의 대제사장과 서기관 그리고 그들 주변에서 빌붙어 삶을 꾸리는 이들에게 박해를 당하게 된다. 이들에 대한 박해나 순교를 이야기할 때 맨 먼저 나오는 사람이 스데반이다.[66] 성서에 따르면 사도도 아니고 집사인 스데반이 "은혜와 권능이 충만하여" 열심히 예수의 가르침을 전파하다가 산헤드린공회에서 재판을 받고 죽임을 당하게 된다. 그 이유는 유대의 율법을 어기었다는 것이고 스데반은 율법으로부터 자유함을 얻은 예수 사람으로서 한 치의 양보 없는 당당한 태도로 심문에 응했으므로 유대법에 따라 돌로 쳐 죽임을 당하였다. 훗날 바울로 이름을 바꾸고 예수의 가르침을 전파하는 일에 앞장섰지만, 당시에는 '예수 운동꾼들'의 박해에 앞장선 사울이 이 스데반의 순교 현장에 있었다.[67]

스데반의 순교를 계기로 예루살렘에 있던 예수쟁이들이 이러한 박해와 순교를 피해서 각 지방으로 흩어지게 되는

데 이것 또한 기독교가 더 넓게 퍼져나가는 계기가 되었다.68) 그래서 교회사학자 베인톤은 "스데반의 죽음은 제자들을 각 지역으로 흩어지게 하였고 바로 이것이 바울이 이방 세계를 그의 사역지로 삼은 거대한 선교사역의 시작이 되었다"고 기술하였다.69)

사울에서 바울로-그의 전도여행

스데반의 순교현장에서 사울은 다른 예수쟁이들을 처단하기 위해 다마스커스로 향하였다. 이 여행길에서 이른바 '다메섹으로 가는 길에서의 사울의 회심'이 있게 된다. 성서는 이 광경을 다음과 같이 기록하고 있다.

사울이 길을 가다가, 다마스쿠스 가까이에 이르렀을 때에, 갑자기 하늘에서 환한 빛이 그를 둘러 비추었다. 그는 땅에 엎어졌다. 그리고 그는 "사울아, 사울아, 네가 왜 나를 핍박하느냐?" 하는 음성을 들었다. 그래서 그가 "주님, 누구십니까?" 하고 물으니, "나는 네가 핍박하는 예수다. 일어나서, 성 안으로 들어가거라. 네가 해야 할 일을 일러 줄 사람이 있을 것이다" 하는 음성이 들려왔다. 그와 동행하는 사람들은 소리는 들었으나, 아무도 보이지는 않으므로, 말을 못하고 멍하게 서 있었다. 사울은 땅에서 일어나서 눈을 떴으나, 아무것도 볼 수가 없었다. 그래서 사람들이 그의 손을 끌고, 다마스쿠스로 데리고 갔다. 그는 사흘 동안 앞을 보지 못하는 상태에서, 먹지도 않고 마시지도 않았다.70)

이 기록 다음에 사흘 동안 눈먼 상태에서 사울은 낙담하여 금식하며 기도하는 기사가 나오고 이어서 계시를 받은 예수 운동꾼 아나니아라는 사람에게 안수를 받고 비로소 눈이 밝아지게 되고 세례를 받게 되었다는 기사가 뒤따른다.71) 나중에 바울이라고 이름을 바꾼 박해자 사울은 즉시 예수는 '하나님의 아들'이라고 주장하며 다니기 시작하였다.72) 예수 운동의 맨 앞에 서서 이른바 "땅 끝까지" 복음을 전파하려 나선 것이다.

안디옥을 전도 전진기지로 삼은 바울은 바나바와 함께 이른바 1차 전도여행을 떠났는데 이 여행은 주로 동역자인 바나바의 고향 구브로와 소아시아 지방에 집중하였다.73) 바울의 1차 전도여행의 기사를 보면 그는 유대교의 회당에서 주로 예수는 죄 없이 십자가에 죽임을 당하였으나 사흘 만에 부활한 그리스도임을 주로 구약에 나오는 유대교의 예언과 가르침에 기대어 설교하였다. 얼마나 설득력이 있었는지 듣는 이들이 '다음 안식일'에도 다시 와 줄 것을 요청할 정도였다. 유대교에 입교한 이들이 바울과 바나바를 '많이' 따랐음은 물론이다.74)

이 1차 전도여행에서 우리의 눈을 끄는 것이 두 가지 있다. 하나는 '이방인들'이 기독교로 개종할 때 유대의 법도대로 할례를 해야 하는지 아닌지에 대한 논란이고,75) 다른 하나는 바나바와 바울이 사소한 문제로 "심히 다투어" 따로 전도여행을 하기 시작했다는 것이다.76) 첫째 문제는 예루살렘에 있는 베드로와 야고보를 비롯한 사도들과 장로들 사이에 진지한 토론을 거쳐 이방인들도 동등하게 할례를 받도록 하는 결정을 내린다. 팔레스타인을 넘어 그리스-로마로 나아가는 과정에서 일어나는 논쟁들이 예루살렘에 있는 지도자들에 의해서 정리되고 있음을 본다. 각지에 생겨나기 시작한 교회들을 유기적으로 묶어내고 있는 모습을 여기에서 우리는 보는 것이다. 둘째 문제는 기독교의 확장 과정에서 의견의 대립이 있었다는 것이다. 여느 공동체에서처럼 바울과 바나바도 대립되어 헤어졌고, 이 '헤어짐'이 교회 성장에 걸림돌이 되지 않고 오히려 각기 다른 지방에서 전도함으로 확장에 도움이 됐다는 것이다. 요즈음 한국의 교단 분열이 교회 성장에 도움이 되었다는 역설적 주장이 바울과 바나바의 경우에도 적용될 수 있다 하겠다.

바울의 2차 전도여행은 그리스의 주요 도시가 대상이었다.[77] 갈라선 바나바는 마가를 동행하여 고향 구브로로 가고 바울은 실라를 데리고 수리아와 길리기아로 떠났다.[78] 그의 3차 전도여행은 1,2차 전도여행 때 소아시아와 그리스 각 도시에 세운 교회 공동체를 다시 방문하는 이를테면 전도성과의 확인 방문인 셈이다. 이를 둘러보고 예루살렘으로 가 야고보를 비롯한 사도들에게 보고하고 스페인 선교계획을 하다가 유대인들의 모함으로 로마 당국에 체포, 구금되었다.[79] 바로 이 바울의 3차에 걸친 전도여행으로 예수 운동은 예루살렘에서 소아시아로, 그리고 로마제국으로 확장되고 이 운동의 조직 공동체인 교회가 각지에 설립되게 된 것이다. 예수쟁이들을 박해하는데 앞장선 사울이 바울이 되어 기독교를 팔레스타인 지방의 울타리를 넘어 그리스-로마 세계로 확장된 종교가 되게 하는 역사

적인 전도사역을 한 것이다. 역사의 아이러니다.[80]

　기독교가 그리스와 로마 세계로 들어갔다는 것은 단순히 기독교의 확장만을 뜻하는 것이 아니다. 팔레스타인이라는 지역의 종교철학과 문화(Hebraism)와 그리스철학과 문화(Hellenism)와의 만남, 물림 그리고 엇물림의 역사를 빚어내는 계기이기도 하다. 여기에서 두 세계, 두 문화, 두 종교의 사상이 갈등을 낳고 이 갈등과 대립의 과정에서 기독교인들은 천대와 박해를 받는다. 이 박해를 거치면서 기독교인들은 응집력 강한 무리로 등장하였고, 이들은 적대적인 질서에서 살아남고 인정받기 위해 다른 이들보다 더욱더 윤리적인 무리가 되었다. 또한 이 과정에서 기독교 지도자들은 자기들의 종교 공동체에 대한 비판과 비난에 맞서 변론하게 되고 이 변론을 통해 기독교의 교리와 신경이 다듬어지게 된다.

　다음 마당에서 논의할 것이지만, 이 대결과 갈등의 과정에서 기독교는 토착화하게 된다. 이것은 두 사상이나 두 문화가 만나 엉킬 때 어떤 사상이나 문화가 일방적으로 다른 사상이나 문화에 영향을 주지 않고 서로 영향을 주어 용해되고 변용되는 것처럼 기독교도 헬레니즘의 영향을 받고 또 로마 질서로부터도 영향을 받았다. 기독교의 탈유대화이고 기독교의 그리스-로마화 또는 요즈음 말로 기독교의 토착화나 세계화가 이루어지고 있었다.

로마제국에서 기독교가 하나의 종교 공동체로 등장하게 되었을 때 이전과는 달리 당시 강국 중의 강국인 로마제국으로부터 피비린내 나는 박해의 대상이 되었다. 지금까지는 유대의 종교 지도자들의 박해를 받았으나 이제는 로마제국의 박해를 받게 되었다. 이전에 유대의 대제사장과 서기관들의 박해를 받을 때는 유대교 안에서의 갈등으로 인식한 로마제국이 기독교인들을 보호하거나 무관심의 정책을 폈지만, 이제는 로마 황제숭배를 거부하는, 로마 질서에 정면으로 도전하는 무리로 로마제국의 피비린내 나는 박해를 받게 되었다.[81]

그러나 이 박해를 거쳐, 아니 이 박해에도 불구하고 기독교는 로마제국 전역으로 퍼져나 갔다. 이른바 '팍스 로마나'-로마의 평화질서-라고 불리는 로마제국의 광활한 영토가 전도의 대상이 되었으며 치안이 상당히 안정되었고 육로와 해로가 훌륭히 그리고 안전하게 관리되고 있어 전도여행이 용이하였다. 그래서 교회사학자들마다 팍스 로마

나가 없었다면 기독교가 그렇게 빠른 속도로 확장될 수 없었다고 말한다.82)

층이 높아질수록 높아지는 저들의 이기심 건물도 찬바람을 막아 줄 순 없나보다. 오늘도 저들은 매서운 이기심의 바람과 실랑이 한다. 원 없이 사는 걸 바란 듯 아니, 사는 듯 마는 듯 저들은 오늘도 존재한다. - 가객, Wanted 중

5.
기독교의 '로마화' 그리고 '유럽화'

앞에서 언급하였지만, 기독교가 로마제국으로 들어간 것은 이른바 기독교의 첫 번째 '세계화'의 시작이었다. 역사학자 비들러가 말한바 있듯이, 이 첫 번째 기독교의 세계화는 로마제국의 질서, '팍스 로마나'가 있었기에 가능하였다.83) 이 첫 번째 기독교의 세계화의 초기 역사는 순교의 피로 가득 찬 것이다.

조롱과 박해의 강을 건너

교회사학자 베인톤에 의하면, 로마제국은 처음에 기독교를 대수롭지 않게 생각했다. 그래서 제국의 통치를 인정하는 한 모든 속국이나 지방의 종교에 대하여 관용하거나 관심을 가지지 않는다는 제국의 종교정책에 따라 '예수 운동꾼들'도 로마제국과는 큰 갈등을 겪지 않았다. 유대교 지도자들에 대한 기독교인들의 박해를 유대교 안의 갈등으로 인식한 로마제국은 오히려 기독교인들을 감싸고 보호하기조차 하였다.84) 그러다가 기독교가 팔레스타인 지방에 머물지 않고 소아시아와 로마의 각지에 흩어진 유대인들 사이에 널리 퍼지고 심지어는 이방인들도 개종하기 시작하는 뚜렷한 종교 공동체로 떠오르자 로마제국도 기독교를 박해를 하기 시작하였다. 로마제국의 박해는 일제 강점기 조선의 기독교인들에게 강제되었던 신사참배와 같은 '황제숭배'와 이어졌다. 박해는 예수를 믿는다는 이들에게 일률적으로 그리고 체계적으로 가해진 것은 아니었다. 주로 이 예수 운동공동체의 지도자들에게 그리스도를 부인하고 황제를 경배하도록 강요하고 그 여부에 따라 박해를 하였다.85)

기술하는 이들마다 조금씩 다르지만 우리가 기대고 있는 베인톤에 의하면 서기 60년대에서 약 200여 년간 그야말로 피비린내 나는 박해가 이어졌다.86) 이 기간에 기독교 박해의 역사에 악명 높은 황제들인 네로(Nero), 도미티안(Domitian), 트라얀(Trajan), 데시우스(Decius), 디오클레티안(Diocletian)을 비롯하여 이 기간의 거의 모든 황제가 기독교에 적대적이었다. 이 악명 높은 사람들 가운데 네로는 기독교인들을 박해하고자 자신이 로마에 불을 질러놓고는 기독교인들이 하였다고 뒤집어 씌워 기독교인들을 처단하기도 하였다.87) 그들은 프로 격투사와 승부를 다투는 싸움을 콜로세움이라는 경기장에서 펼치다 죽기도 하고 굶주린 맹수들에 던져져 그들의 밥이 되기도 하였다.

이 200여 년간 수많은 기독교인들은 신앙을 지키다 피를 흘리며 이 세상을 떠났다. 교회사학자들이 흔히 말하듯이 기독교는 피를 먹고 자랐다느니 기독교는 순교의 종교라느니 또는 기독교는 피비린내 나는 박해를 통해서 더욱 응집력 있고 더욱 생명력 지닌 종교로 발전하였다고 하는 것은 일리 있는 주장이다.88) 이 순교의 역사에 이름을 남긴 이들도 많다. 안디옥의 이그나티우스(Ignatius of Antioch), 서머나의 폴리캅(Policap of Smyrna), 저스틴(Justin), 비엔나(Vienne)와 리용(Lyon)의 순교자들, 테르페투아(Terpetua)와 펠리키타스(Felicitas)의 순교 등이 유명하다. 이러한 박해를 피해 수많은 기독교인들은 로마 변경지대의 지하공동묘지에 숨어서 지내며 신앙과 목숨을 부지하였다. 기독교인들은 이러한 지하 공동묘지에서 함께 종교의례를 행하고 예수의 가르침을 서로 되새기며 피비린내 나는 박해를 견디어갔던 것이다.

이러한 박해가 지속되자 많은 기독교인들이 신앙을 저버

리게 되었는데 3세기 중엽 데시우스 황제 때 그 수는 급격히 늘어났고, 만약 이러한 박해가 지속되었다면, "순교자들의 피가 교회의 씨앗이다"라는 견해는 맞지 않게 되었을 지도 모를 상황이었다. 이러한 상황에서 서기 261년 갈리에누스(Gallienus)의 이른바 "관용 칙령"(The Edict of Toleration)이 선포되었다. 이 칙령은 기독교를 허용하자는 것이 아니라 폭력이 아닌 다른 방법으로 기독교를 박멸하자는데 그 목적이 있었다. 박해자인 로마제국이 그 정책을 바꾸었으니 박해를 받는 기독교 공동체의 대응도 바뀌어야 했다.[89] 여기에서 우리가 기억해야 할 것은 기독교에 대한 로마제국의 박해가 이 칙령으로 끝난 것이 아니라는 사실이다. 이 이후 3세기 초에도 디오클레티안 황제의 기독교 박멸운동이 있었다. 그는 교회의 건물과 성서를 모두 몰수하려 하였고, 이를 거부하는 지도자들을 감옥으로 보내었다. 감옥이 차고 넘쳐 그의 기독교 박해 정책을 포기하여야 했을 정도다. 그만큼 기독교 지도자들이 박해를 받으면서도 타협치 않고 신앙을 지켰기 때문이다.[90]

철학자들과 논객들을 동원한 기독교 박멸운동은 폭력을 휘두른 것은 아니지만 기독교와 기독교인들에 대해 지적, 인격적 무차별 공격이었다. 이를테면, 기독교인들은 부도덕하다든지 논리적으로 사고하지 못한다든지 또는 그들의 교리가 논리가 없다든지 하는 근거가 없으나 아주 집요한 공격이었다. 이러한 공격은 "관용 칙령"이 나오기 오래 전부터 있었는데 이 칙령선포 이후 이런 공격은 더욱 날카로워졌다. 예를 들면 2세기 말경의 철학자 켈서스(Celsus)는 기독교인들의 지적 특성이 아녀자들이나 어린이들 그리고 노예들같이 머리가 '대나무처럼 속이 텅텅 빈자들' (Bamboozlers)과 같다고 비방하였다. 이처럼 로마의 철학자들이나 논객들은 기독교인들을 인격적으로 천시하였고, 사회적으로 부도덕하고 무책임하며 애국심이 없는 무리들이라고 하였다.91)

우리는 여기에서 기독교나 기독교인들에 대한 이들의 비난과 비방, 그리고 그들의 공격을 자세히 논의할 수는 없다. 기독교 신앙에 대한 켈서스의 조롱과 비판을 몇 가지 기록해 보고자 한다.

첫째, 기독교의 창조설을 조롱하였다. 해와 달을 창조하기 전 하나님은 어떻게 날을 셀 수 있었는가. 하나님은 인간을 위해 세상을 지었다고 했는데 왜 동물을 위해서는 아닌가.92)

둘째, 인간을 구속하기 위해 하나님이 세상에 온 것을 믿지 못한다고 비난하였다. 왜 왔는가. 세상에 대해서 무엇을 배우려고 왔는가. 세상을 바로 잡기 위해 왔는가. 그렇다면 바로 잡지 않아도 될 세상을 그는 왜 만들지 않았는가. 바로 잡아야 했다면, 그는 왜 더 일찍 오지 않았는가.93)

셋째, 예수의 부활을 조롱하였다. 누가 보았는가. 오직 미친 여자 한 사람이다. 예수는 빌라도나 유대 지도자들에게 왜 나타나지 않았는가. 그랬다면 그들은 더 이상 그를 해치지 못했을 것이다.94)

넷째, 예수의 신성을 조롱하였다. 예수가 그의 죽음을 예언했다고 그를 하나님이라 한다면 어디에서 이 예언을 찾게 되는가. 복음서이다. 누가 복음서를 썼는가. 그의 제자들이다. 그리고 언제 썼는가. 사건이 일어난 후다.95)

다섯째, 하나님의 심판을 조롱하였다. 하나님이 세상을 심판할 때 악한 자들은 불에 넣는다고 한다. 세상 반은 불태우면서 반은 타지 않게 하는 하나님은 정말 숙련된 요리사임에 틀림없다.96)

주로 이러한 빈정댐이고 비난이고 조롱이었다. 3세기 중엽에 이르면 기독교인들은 무신론자들이라고 비난받게 되고, 로마제국 당국은 그들을 불법적 무리라고 했으며, 철학자들은 그들을 바보들이고 무책임한 무리라고 조롱하였다. 이러한 인격적 조롱과 무차별 공격에 기독교인들은 바리케이드를 쳐야 했다. 이 일을 담당한 이들이 이른바 변증가들(apologists)과 초기 교부들이었다.

무신론자들이라는 비난에 대한 기독교 변증가들과 교부들은 이렇게 응수하였다. 희랍철학에 영향을 받은 사람들을 향해 만약 소크라테스가 무신론자라면 우리도 그렇다. 여러 신들을 믿는 신앙체계를 부인하는 것은 무신론자가 아니기 때문이다. 기독교인들이 나라의 법을 무시한다는 주장에 대해서는 이방 철학자들도 인정하는 주장-나라의 법이 하나님의 법 위에 있지 않다고 말하면서 자연법이 시민불복종을 정당화하고 있음을 내세웠다. 부도덕하다는 비난에 대해서는 기독교 변증가들은 그 비난은 사실과 다르며, 사실에 있어서 기독교 공동체는 "이방 세계의 어두움을 밝히는 횃불과 같은"(like beacons in the blackness of the pagan world) 역할을 하고 있다고 반박하였다.[97] 앞서 말한 순교자 저스틴, 터튤리안(Tertuulian)과 오리겐(Origen)이 이러한 기독교 변증가들이고 교부들이다.

로마제국에서 기독교에 대한 비난과 도전도 문제였지만, 기독교가 널리 퍼져나갈 때 각 지방의 풍속과 문화가 교리, 교회조직 등과 충돌하면서 다툼과 분열이 있었고 또한 이단의 도전도 있었다.[98] 그 가운데 하나가 영지주의(Gnosticism)였다. 영지주의자들은 물질세계를 부정한다. 그렇기에 현재의 물질세계를 하나님의 창조물이라는 것을 부인하였다. 이러한 전제에서 하나님이 인간의 몸을 입고 이 세상에 왔다는 것을 부인하고 예수의 신성만을 강조한다. 그러니까 인간의 몸을 입고 왔고, 인간으로 살다가 죽어 사흘 만에 다시 인간으로 부활하여 하나님의 나라로 갔다는 기독교의 교리에 대한 거센 도전이었다.

이러한 안팎의 도전에 효과적으로 대응하기 위해 기독교는 정체성을 명확히 할 필요를 느꼈다. 긴 논의와 논란을 거쳐 신조와 교리들이 정리되게 된다. 신약성서의 정경(正經, the Canon)이 확정되었으며 이른바 '사도신경'(the Apostle's Creed)이라는 신경과 사도들의 믿음을 전승하는 교리를 만들어내었다. 이러한 교리와 신경에 더하여 다양한 형태의 교회 정치를 정리하여 2세기 말경에는 집사, 장로, 감독과 같은 성직제도가 확립되었다.

팔레스타인에서 시작된 예수 운동은 피비린내 나는 박해와 비난의 강을 지나 광활한 대로마제국의 영토로 확장되었고, 이 확대 과정에서 교리와 신경 그리고 정경을 확정하였다. 이와 더불어 사도들에 기댄 초기 기독교 공동체를 넘어 잘 짜여진 '공교회'(Catholic Church)로 발전하게 되었다. 로마제국에서의 기독교의 놀라운 발전은 황제 콘스탄틴(Constantine)이 313년 이른바 '밀란 칙령'(The Edict of Milan)으로 또 다른 획을 긋게 된다.

콘스탄틴, 밀란칙령 그리고 '정교유착'

이후 로마제국은 권력투쟁에 휩싸이게 되었다. 제국의 영토가 넓은 탓도 있고 또한 군대에 의한 통치여서 경쟁적 정치집단과 군대 지도자들이 지역적으로 나누어 분할 통치를 하고 있었기 때문에 이러한 권력투쟁은 피할 수 없었을 것이다. 황제 디오클레티안은 권좌에서 물러날 때 두 후계자를 선택, 제국을 동서로 나누어 주었다. 복잡한 이야기를 간단히 줄이면, 이 권력투쟁에서 마지막 싸움을 하게 된 것이 콘스탄틴과 막센티우스(Maxentius)였다. 312년 전투에서 콘스탄틴이 승리를 거두고 이듬해 313년, 그의 종교정책을 담은 이른바 '밀란 칙령'을 선포하였다.

이것은 기독교를 로마제국의 국가종교로 선포한 것이 아니다. 이것은 로마제국에는 한 종교만 있어야 한다는 종교정책의 파기일 뿐이다. 하늘에 있는 무슨 신이든지 로마에게 온정을 베풀고 이로울 것이라는 생각에서 모든 종교를 허용한다는 칙령이었다. 그러나 이 칙령으로 지하공동묘지에 살던 기독교인들 그리고 신앙을 숨겨온 이들이 이제 더 이상 숨어서 살 필요도, 그들의 신앙을 감출 필요도 없는 상황이 전개된 것이다.[99] 그리고 이것뿐만 아니었다.

콘스탄틴 황제는 교회 지도자들에게 해줄 수 있는 모든 편의를 다해주고자 했다. 몰수와 교회 재산을 돌려주고, 성직자들에게 시민으로서 하여야 하는 군대복역이나 다른 여러 의무를 면제해 주었으며, 로마 제국의 모든 인민이 주일(Sunday)를 지키도록 하였다. 크리스천 노예들이 해방되었으며 많은 교회들이 새로이 세워졌다. 서기 324년 제국을 완전히 장악한 이후에 콘스탄틴은 전적으로 친기독교적 황제가 되었다.100) 그리고 기독교는 콘스탄틴 황제가 죽고 난 오랜 후 391년 데오도시우스(Theodosius) 황제 때 국교가 되었다.101)

기독교가 공인되고 나중에 국교가 되게끔 물꼬를 튼 황제 콘스탄틴은 기독교를 혹독하게 박해하였던 다른 황제들과는 달리 왜 이처럼 기독교를 받아들이고 친기독교적인 황제가 되었는가. 어떤 이들은 그가 로마제국의 황제가 되는 과정에서 경쟁자들과 군사적 대결을 하게 되었는데, 서기 312년 막센티우스와의 결전을 위해 가는 도중에 비전을 보았다고 전해지고 있다. 이 비전에서 그는 하늘의 십자가를 보았는데 그 십자가에는 "이것으로, 정복하라"(By this, conquer)는 글귀가 있었다고 한다. 이후 그는 그의 군대기에 희랍어 '그리스도'의 첫 글자를 넣게 하였다 한다. 이를 두고 그의 신앙심을 이야기하고 그래서 그는 대

승리를 거두었다고 한다.

그러나 교회사학자 베인톤에 의하면, 당시 기독교는 오랜 박해를 받기는 했어도 엄청난 정치적 영향을 발휘하는 거대한 종교 공동체로 이미 떠올라 있었다. 그렇기 때문에 콘스탄틴을 포함한 로마 제국의 군사적, 정치적 일인자가 되려고 경쟁하는 이들은 모두 이 기독교를 박해하든지 아니면 허용하든지 선택하여야 했다. 이러한 상황에서 기독교인들은 박해하는 이들과 그들의 군사를 '사탄'이라 하였고, 기독교를 허용하고 보호하려는 이들을 '주의 기름 부은 종'으로 간주하였다. 그러니까 콘스탄틴이 십자가를 내세우며 전쟁터로 나갈 때 기독교인들은 "전지전능한 하나님의 도구"(the instrument of the Almighty)라고 여기게 되었다.[102] 이처럼 콘스탄틴은 그의 군사적, 정치적 행로에 기독교인들의 협력이 필요했던 것이다. 그의 개종, 친기독교적 정책은 종교적 동기와 더불어 정치적 동기도 함께 고려하였다는 뜻이다.

황제 콘스탄틴과 기독교, 세속 권력과 기독교는 하나가 되기 시작하였다. 피비린내 나는 박해와 카타콤이라는 지하 공동묘지의 기독교가 아니라 세속 권력을 손아귀에서 좌지우지하는 황실의 기독교가 되었다. 박해의 시대는 지나고 이제 기독교는 세속 권력과 더불어 살기 시작한 것이다. 황제와 함께 하는 만찬에 초대된 교회 지도자들은 '하나님의 왕국'이 이미 도래했는지 아니면 꿈을 꾸고 있는지 의아해할 정도였다.103) 이제 세속 권력과 기독교는 '하나의 공생관계'(a Symbiotic Relationship)를 가지게 된 것이다. 이 둘 사이에는 더 이상 긴장이란 것이 없게 되었다. 서로가 도와주고, 서로가 의지하며, 앞서거니 뒤서거니 하며 서로 이끌어 주었다. 한 마디로 황권과 교권이 유착하게 된 것이다.

세속 권력과 짝한 교회는 제국 곳곳에 화려한 교회당을 가지게 되었고, 잘 다듬어진 교회법과 종교의식으로 신비스러움을 한껏 자랑하게 되었으며, 신학을 체계화 시켰다. 제국 곳곳에 엄청난 교회 영지를 갖게 되었음은 물론이다. 박해받던 '예수 운동', 갈릴리와 사마리아의 작은 무리의 종교, 카타콤이라는 지하공동묘지에서 숨어 지내야 했던 '예수 운동꾼들'의 공동체가 이제 로마제국의 중심에서 목에 힘을 주는 거대한 종교 공동체로 성장한 것이다.

이제 로마의 질서, 로마의 문화 한 가운데 우뚝 서게 된 것이다. 초라하고 가난하고 힘없던 '예수 운동'은 거대한 로마종교로 성장한 것이다. 예수를 처형한 그 세속 권력인 로마제국과 기독교가 짝을 하면서 말이다. 우리는 역사의 또 하나의 아이러니를 여기에서 읽는다.

이 유착은 예수의 가르침과 세속 질서 사이에, '예수 운동'과 세속 권력 사이에, 기독교와 로마제국 사이에 있어 온 구분이 없어지고 긴장이 사라졌음을 뜻한다. 더 이상 기독교는 대안이나 변혁의 역동성을 가지지 못하고 세속 질서 한 가운데 자리한 거대한 종교 공동체가 되었다. 1세기 팔레스타인의 예수, 그의 가르침과는 너무나 먼 그러한 종교가 되었다. 흔히 이야기하는 대로 만약 그 예수가 로마제국의 국교가 된 기독교를 방문하여 화려한 교회당에서 예배 보고, 세련된 교리와 신학을 읽고, 거대한 교회영지를 방문하여, 로마의 관리가 도움을 요청할 정도가 된 교황을 비롯한 종교지도자들을 만나본다면 어떠한 반응을 할 것인가.

하여튼 기독교가 로마제국에서 국교의 자리에 올라 거대한 영향력을 가지게 되자 이 종교 공동체 안에서는 교권을 두고 싸움을 벌이게 된다. 세속적인 이해에서 비롯된 교권싸움은 예나 지금이나 항상 신학과 교리의 칼날을 들고 싸운다. 교권을 가진 종교지도자들은 교회의 신학과 교리 그리고 법을 무기로 상대를 '이단'으로 몰고 간다. 1054년 로마교회 지도자들과 콘스탄티노플을 중심으로 한 교회 지도자들이 첨예하게 대립하여 분열하게 되었다. 이 분열의 씨앗은 9세기부터 뿌려졌는데 겉만 보면 교황의

무오성, 마리아의 무죄성, 성만찬 문제, 화상의 문제와 같은 신학과 교리의 싸움 같지만, 그 속을 보면 로마와 콘스탄티노플을 중심한 교회 지도자들의 교권싸움이었다. 기독교가 로마 가톨릭과 희랍 정교회로 나누어진 이 분열은 신학과 교리가 문제되어 나누어졌다고 보기보다 거대한 이권과 영향력을 가진 종교의 교권 쟁탈, 주도권 쟁탈의 결과로 보는 것이 옳다.104)

기독교의 타락

세상에 영원한 것은 없다. 권력도 그렇다. 북아프리카와 소아시아 그리고 지중해를 중심으로 한 남유럽, 그러니까 세 대륙에 걸친 광활한 영토를 가지고 팍스 로마나라고 으스대던 로마 제국은 몰락의 길에 들어서게 된다. 많은 역사학자들은 그 원인을 '야만인들의 침입'에서 찾는다. 로마사람들은 다뉴브 강과 라인 강 북쪽에 사는 사람들을 '야만인들'이라고 불렀는데, 그들은 그리스-로마문명과 기독교를 전혀 모르는 족속들이었기 때문이다. 특히 게르만족을 일컬어 그렇게 불렀다. 게르만족의 로마제국으로의 '침투'는 두 종류였다. 로마제국의 국경 근접지역에 살던 게르만 족속은 최대 강자인 로마 제국과 동맹을 맺거나 제국의 신민으로 거주를 허락 받은 족속이다. 이들은 로마제국의 군대에 편성되어 군부에 강력한 영향력을 행사하는 집단으로 부상하였다. 다른 하나는 로마제국을 무력으로 침입한 족속이다. 따라서 5세기말부터 시작된 게르만 족속과 로마제국의 전쟁은 결과적으로 게르만 족속끼리의 전쟁이기도 한 셈이다.105)

이 전쟁은 결과적으로 410년에 로마제국을 몰락시켰지만 교회사적으로 보면, 기독교가 사회로, 대중 가운데로 나아가는 계기를 마련해 주었던 것이다. 침략자들을 피해 도망간 로마제국의 관리나 군사지도자들이 내팽개친 인민을 로마의 교황을 비롯한 각지의 교회 지도자들 그리고 수도원의 수도사들이 보호하고 그들의 굶주린 배를 채워주어야 했다. 또 하나는 로마제국의 울타리 안에 있던 기독교가 그 울타리를 넘어 유럽 각지로 전파된, 그야말로 기독교의 유럽화가 이루어진 것이다. 침입한 야만인들이 개종하고 또한 그들이 온 곳으로 기독교가 전해졌다. 따라서 로마의 몰락은 기독교의 영토를 유럽 전역으로 확대시킨 계기가 된 셈이다.106) 이를 통하여 우리는 또 하나의 역사적 아이러니를 읽는 것이다.

유럽 전 지역으로 전파된 기독교는 로마중심으로 조직화되고 모든 것이 로마중심으로 처리되었다. 기독교에 관한 한 모든 것이 로마에서 나오고 모든 것이 로마로 들어가는 역사가 전개되었다. 교황으로 선출되면 로마의 교황청으로 들어가고 교황청에서 기독교의 신학이나 교리가 정리되고 그리고 교회의 모든 정치가 거기에서 이루어졌다. 교황과 그 주변의 종교지도자들은 교회문제에만 관심을 가진 것이 아니라 교회 밖의 문제에도 깊은 관심을 가질 수밖에 없었다. 로마제국 시대부터 지속된 정교유착의 전통이 그대로 이어진 것이지만, 무엇보다도 교회가 가지고 있는 각 지역의 거대한 영지를 보호하기 위해 군대를 가진 세속 권력의 도움이 필요했기 때문이다. 세속 권력은 또한 유럽세계에서 막대한 영향력을 가지고 있는 교회로부터 왕권을 인정받고자 하였다.

교회는 여러 지역의 세속 권력과 때로는 야합하고 때로는 대립하기도 하면서 유럽세계에서 '로마 중심'의 종교질서를 유지하게 된다. 중세에 기독교는 세속 권력과 더불어 십자군 전쟁을 감행하기도 했고, 세속 권력과 첨예하게 맞서는 바람에 교황이 '아비뇽포로'라는 치욕을 당하기도 하였다. 이 아비뇽포로를 교회사학자 베인톤은 '바빌론포로'(the Babylonian Captivity)와 견주고 있다.107) 1378년부터 1423년까지 로마와 아비뇽에 교황을 하나씩 가지게 되고 서로 반목하는 기괴한 역사도 만들어 내었다. 교권이 세속사회에서 엄청난 힘과 영향력을 가지는 자리가 되었기 때문이다.

나는 포도나무요, 너희는 가지이다. 사람이 내 안에 머물러 있고 내가 그 안에 머물러 있으면, 그는 많은 열매를 맺는다. 너희는 나를 떠나서는 아무것도 할 수 없다. - 요한복음 15:5

6.
종교개혁과 기독교의 '세계화'
- 기독교가 우리 땅에 오기까지

종교개혁

교회의 타락은 비판과 개혁을 부른다. 이러한 비판과 개혁의 목소리를 교권을 쥐고 있는 쪽에서는 이단이라고 단죄하게 된다. 이러한 갈등을 통해 기독교는 새로운 모습으로 태어난 것이다.108) 교회에 대한 비판과 개혁의 목소리는 유럽 각지의 군주들이 로마 중심 질서에 반기를 들고 독자적 행보를 하게 되는 정치적 움직임과 함께 나왔다. 교회사학자 베인톤은 종교개혁(the Reformation)의 원인으로 세 가지를 내세운다. 첫째는 교황을 비롯한 종교지도자들의 도덕적 타락이다. 둘째는 교회의 신학과 교리의 획일성, 경직성 그리고 사변성이다. 셋째는 도시화, 상업화 그리고 민족주의 발흥이다. 이 세 가지가 어우러져 종교개혁을 낳은 것이다.109) 영국의 위클리프(John Wycliff)나 보헤미아의 후스(John Huss)가 앞서서 교황을 비판하고 개혁의 목소리를 내었다. 위클리프는 라틴어로 된 성서를 영어로 번역한 사람으로 유명하다. 1348년에 죽은 그를 1415년에 로마교황청은 재판하였고 시체를 무덤에서 파내어 화형에 처했다.110) 로마교황청의 면죄부 판매를 비판한 후스도 1415년에 화형으로 처단되었다. 여기서 우리는 타락하고 세속화한 교권의 행포를 볼 수 있다. 이후 각지에서 타락한 교회의 개혁을 외치거나 세속화한 로마 교권을 비판하는 소리가 들리게 된다. 그 소리가 절정에 이른 것이 바로 1517년이었고 거기에 마틴 루터(Martin Luther)가 있었다.111)

변호사가 되려고 했던 루터는 1505년 회심을 하고 신학 공부를 한 후 비텐베르크대학(University of Wittenberg)의 신학교수가 되었다. 그는 교회와 성직자들의 도덕적 타락을 말하기 시작했는데, 특히 면죄부 판매에 비판적이었다. 널리 알려진 대로 면죄부란 로마의 성 베드로성당의 건축 재원을 마련하기 위해 판매되었는데, 이 면죄부를 사면 "그 돈이 헌금함에 들어가는 즉시 연옥에 있는 조상들의 영혼이 구원받아 천당으로 들어가게 된다"(as soon as the coin in the coffer rings, the soul from purgatory springs)고 독려하면서 판매되었다.112) 이에 루터는 1517년 10월 31일 비텐베르크성당 출입문에 95개 조항의 대자보를 내걸었다. 이 대자보에서 루터는 참된 회개는 면죄부로 얻어지는 것이 아니라 삶의 모든 영역에서 지속적으로 이루어져야 하는 것이고, 하나님의 은총과 구원은 종교지도자들의 매개 없이 믿음으로 얻는 것이라고 주장하였다. 그는 교황청을 부정하면 교회를 근본적으로 개혁하자고 이러한 논제들을 공개한 것이 아니라 신학교수로서 토론을 위해서 이렇게 나선 것이다.113)

그러나 루터의 의도와는 달리 로마교회의 전면적 부정과 새로운 교회의 탄생으로 나갔다. 그의 대자보 내용은 발표 직후 독일 전역으로 알려져 열띤 토론과 논쟁의 불을 지폈다. 이로서 루터는 교황청과 대결하는 구도에 들어가게 되었다. 교황청은 루터를 회유하고 설득하며 협박하기도 했지만 그러면 그럴수록 루터는 더욱 강하게 자기의 주장을 굽히지 않았다. 1521년 4월에 신성로마제국(The Holy Roman Empire)의 황제는 제국의회라는 종교재판에 루터를 회부하게 되었다. 재판정에서 루터가 한 말을 하나 따와 그의 소신을 보자.

"내가 성경과 그리고 분명한 이유가 있어 확신하지 않는

한 교황과 공의회의 권위를 받아들이지 않는다…. 왜냐하면 나의 양심은 하나님의 말씀에 사로잡혀 있기 때문이다. 나는 어떤 것도 취소할 수도 없고 취소하지도 않을 것이다. 왜냐하면 양심을 거역하는 것은 옳지도 않고 또한 안전하지도 않기 때문이다. 하나님 나를 도우소서. 아멘"114)

이처럼 루터가 소신을 굽히지 않자 제국회의는 루터의 모든 저술의 출판을 금지 시키고 이미 나온 저술은 판매를 금지 시켰다. 그와 접촉하거나 피신처를 제공하지 못하게 하였음은 물론이다. 100년 전 화형으로 죽어간 후스와 같은 운명에 처하게 되었다. 이러한 상황에 처한 루터를 그의 지지자들이 아무도 몰래 "납치하여"(kidnapped) 바부르그 성으로 은신시켰다. 루터는 여기서 일년 정도 숨어살면서 10권이 넘는 책을 썼고 신약 성서를 독일어로 번역하였다. 1522년 비텐베르크로 돌아와 로마 교회와 결별하고 독일의 개혁교회인 루터교를 조직하였다. 그는 교회가 아니고 성서중심, 사제들의 가르침보다는 믿음으로 구원받는다는 가르침, 인간의 행위나 업적이 아니라 하나님의 은총으로 구원받는다는 신학에 터하여 교회를 조직한 것이다. 이것이 이른바 개신교라고 불리는 프로테스탄트 기독교다.

프로테스탄트 운동은 유럽 전역으로 퍼져나갔다. 타락한 로마교회에 신물이 난 이들이 이 운동에 앞장섰다. 스위스에는 쯔빙글리(Ulrich Zwingli)가 나섰고, 프랑스에서 태어나고 교육받은 칼빈(John Calvin)은 제네바를 중심으로 이 운동에 나섰다.115) 정치적인 이유였지만, 영국교회가 로마교회와 결별하게 되고 서유럽을 휩쓸고 있던 민족주의적인 분위기를 타고 개혁교회들이 생겨났다. 그래서 기독교의 파편화를 가져왔다. 교파교회의 탄생인 셈이다. 영국교회라는 성공회, 루터교회, 개혁교회, 장로교회, 감리교회, 침례교회 따위가 이 파편화 과정에서 잉태되었다.

또한 프로테스탄트 종교개혁은 로마교회의 개혁을 가져왔고, 이는 또한 기독교가 유럽의 울타리를 넘어 그야말로 세계의 종교가 되는 계기이기도 하였다. 유럽에서 영향력을 상실해 가는 로마교회는 포르투갈, 스페인과 같은 이른바 가톨릭 국가의 식민지로 확대하였다. 이른바 라틴 아메리카로 불리는 중남미에 식민지를 건설하며 로마의 기독교를 세웠다. '식민지 기독교'인 셈이다. 우리에게 잘 알려진 아담 샬이나 마테오 리치가 중국으로 가고 천주학으로 알려진 로마의 기독교가 우리에게 전해진 것도 다 이즈음의 일이다.116)

16세기를 마감하고 17세기에 들어서면서 가톨릭 국가가

쇠퇴하고 프로테스탄트 국가, 특히 대영제국이 세계를 제패하게 되자 프로테스탄트 기독교가 세계 여러 곳으로 확장되었다. 이른바 팍스 브리태니카(Pax Britannica)라고 불리는 영국의 세계 지배질서를 따라 아메리카, 아프리카 그리고 아시아 곳곳으로 프로테스탄트 기독교는 퍼져 나간 것이다.117) 그러나 기독교 선교의 역사는 강력한 본국정부의 지원을 직, 간접적으로 받았으나 순탄한 기록들로만 채워지지는 않았다. 특히 서양제국의 팽창의 물결을 타고 들어온 기독교에 대한 토착민들의 저항은 거셌다. 아메리카에서도, 아프리카에서도 그리고 아시아에서도 그랬었다.

그래서 선교사들은 학교를 세워 새 문물을 소개하고 병원을 열어 앞선 의술을 베풀어주면서, 다시 말해서 간접선교의 방법으로 토착민들을 개종시키고자 하였다. 우리는 여기에서 19세기 말 우리에게 기독교를 전해준 미국, 그 미국의 기독교와 선교 현황을 살피기로 한다.

미국 기독교

미국 기독교를 이야기하기에 앞서 우리는 미국 건국에 대해서 알아둘 것이 있다. 유럽사람들이 오기 전 미국에는 인디언이라는 토착민이 살고 있었다. 그러나 미국 '건국 이야기'의 주인공들은 유럽에서 온 사람들이었다. 이 가운데는 투기꾼들, 모리배, 협잡꾼, 해적들과 약탈자와 같은 이들도 있었고 이런 저런 범법자들이 많았다. 그러나 미국 건국의 주인공들은 이들이 아니고 유럽에서 신앙의 자유를 찾아 망명한 이른바 퓨리턴들(the Puritans)이었다.118)

 이들은 옛 대륙 유럽에서 누리는 못한 신앙의 자유를 신대륙 아메리카에서 누리고자 했던 믿음의 사람들이었다. 자기들이 믿는 신앙을 자유롭게 믿고 행할 수 있는 공동체를 신대륙에 세우고자 하였다. 18세기 독립전쟁의 승리로 새 공화국을 세우게 되었는데 종교사적으로 보면, 이것도 바로 유럽에서 억눌렸던 그래서 펴보지 못한 자기들이 믿는 신앙을 자유롭게 믿고 믿는 바를 행할 수 있는 공동체의 건설인 것이다. 이들은 애굽과 같은 유럽에서 나와 젖과 꿀이 흐르는 가나안, 즉 아메리카를 찾게 된 것은 폐쇄와 억압의 '옛 유럽'을 떨쳐버리고 개방과 자유의 '새 이스라엘'을 건설하라는 하나님의 부르심으로 믿었다.119)

 이러한 '선민의식'을 가진 이들은 비록 옛 대륙 각지에서 여러 색다른 기독교를 아메리카로 가지고 왔다. 그러나 이들의 기독교는 이들이 지닌 의식의 예외성 그리고 새 대륙이 깔고 있는 역사 구조의 예외성 속에서 '유럽의 기독교'가 아닌 '미국의 기독교'가 될 수밖에 없었다. 다시 말하지만, 유럽에서 기독교를 가지고 온 이들의 종교적, 사회적 특성 때문이다.120)

그렇기에 미국 기독교는 미국의 역사와 마찬가지로 '혁명적'이다. 유럽의 기독교가 '가을처럼 꺾이어 가는 혁명'(autumnal revolution)이라면 미국의 기독교는 '봄날의 혁명'을 일으키고 있었다. 미국 교회는 '생동' 그 자체였다.121) 유럽에서 '이질적 성분을 지녔다'(heterogeneous)고 멸시받고 천대받던 잡다한 기독교가 미국이라는 한 나라에 웅거하여 '하나의 종교 모자이크'(a religious mosaic)처럼 보일 수 있다. 그러나 앞서 말한 것처럼, 미국을 건국한 이들은 유럽의 것을 그대로 신대륙에 옮기려한 사람들이 아니고 유럽 것을 벗어나 유럽의 그것보다 '더 나은 삶, 더 나은 종교'(a better kind of life and the better kind of religion)를 가져보겠다는 사람들이었다. 이런 사람들이 줄지어 끊임없이 아메리카로 왔다는 것은 유럽의 몸과 옷을 버리고 새로운 몸을 만들고 새 옷을 입고 새로운 삶의 틀을 짜겠다는 '급진적인 이상주의'(radical idealism)를 끊임없이 수혈 받았음을 뜻한다. 유럽에서 정치적, 종교적 압박을 받은 이들은 그래서 정교분리를 '미국인의 삶의 원칙'(the axiom of the American way of life)으로 삼아 헌법에 넣었던 것이다. 그래서 미국은 종교문제에 있어서 어떤 개인이나 집단에 제한이나 제재가 없는 그야말로 "자유방임의 낙원"(a paradise of *laissez faire*)이 되었다.122)

이러한 자유방임의 낙원, 미국의 기독교는 여러 갈래로 나누어진 그래서 신학과 교리 그리고 의식에 있어서 개인주의적이라 할 만큼 다양하였다. 옛 대륙 유럽에서 이미 여러 갈래의 기독교를 가지고 오기도 했지만, 자유를 찾아 아메리카에 온 이들답게 미국인들은 자기가 믿는 바를 누구에게도 통제 받기를 거부하는 사람들이었다. 그래서 미국 기독교의 특징을 종파교회(denominational churches)라고 부르기도 한다.

미국 교회의 선교 운동은 이른바 서부 개척이 마무리된 후 19세기 중반에 이르러 비로소 열기를 가지기 시작하였다. 미국선교에 대한 최근의 연구에 기대면, 그 이유가 바로 서부개척이 완성되어 또 다른 '개척지'를 찾아 해외로 눈을 돌리기 시작했기 때문이다. 북 아메리카에서 더 개척할 땅도 더 정복할 땅도 없게 되자 미국인의 개척 정신이 밖으로 나가게 되었다는 것이다. 이렇게 하여 미국이 뒤늦게 제국주의의 길에 나선 것이다.123) 이때가 우리가 익히 알고 있듯이 미국이 1846년 오레곤 영토(The Oregon Territory)분쟁을 마무리 짓고 1848년 캘리포니아를 획득하여 이른바 태평양 연안국이 되었던 때이다. 태평양 저쪽의 아시아에 관심을 가지고 1853년 페리제독(Commodore Perry)이 일본에 가서 조약 체결을 요구하게 되고 이듬해 일본과 외교관계를 수립하게 되었다.124)

미국 기독교계는 이즈음 종말론 분위기에 휩싸였다. 세상의 종말, 이에 대한 미국의 사명, 다시 말해서 종말이 오기 전에 복음을 전해 세계를 구원하여야 한다는 위기감으로 가득 찼다. 그래서 '대각성운동'(Great Awakening)이 몇 차례 일어났고 부흥회가 여기저기서 열렸다. 각 대학에서 '학생자원운동'(Student Volunteer Movement)이 열기를 더해 간 것도 다 이즈음의 일이다. 미국의 지성사학자 헛치슨의 말대로 미국을 건국한 이들이 새롭고 모범된 나라를 세우는 것에 선택되어 부르심을 받았다고 믿은 것처럼 19세기 말 미국사람들은 '미국이라는 언덕 위에서 빛'(beams from the American hilltop)을 세계 곳곳으로 비추어야 할 이들로 선택되어 부르심을 받았다고 믿었다.125) 사회학자 박영신이 지적한 '선민의식'이 바로 그것이다.126)

이러한 선민의식, 그리고 복음전파의 사명으로 가득 찬 미국의 기독교는 각지에 선교사들을 파견하지 않을 수 없었다. 미국선교사들은 '바다 건너 있는 세계라는 광야에 하나의 동상이 될 참 교회를 세우기 위해'(to establish that true Church which is to be a garden in the wilderness of the world beyond the seas)나섰던 것이다. 그들은 자신들이 선택받고 보내심을 받은 '그리스도가 특별히 선택한 대리인들'(Christ's special messengers)이라고 믿었다.127) 그들은 17세기 조상들이 언덕 위에 모범적인 도시를 건설하도록 부르심을 받고 나왔다면, 19세기 후예들은 모범적 사회를 이방에 건설하도록 부르심을 받은 것이다.128)

이러한 미국인들, 미국 기독교인들의 '선민의식'에는 백인 중심, 백인 우월이라는 인종주의의 결함을 그 뿌리에 가지고 있다. 선조 퓨리탄들이 아메리칸 인디언들을 학살하거나 동물처럼 인디안 촌락에 가두어버린 죄, 그리고 흑인을 노예로 삼은 죄가 그것이다. 피부색이 다르다고, 문화와 습속이 다르다고, 이들을 그들의 이상하는 바 자유, 평등의 새 나라에서 배제시키는 '예외의식'이나 '선민의식'을 19세기 후손들도 그대로 물려받았다.129) 헛치슨도 이를 지적한다. 17세기 퓨리탄의 아메리카 이주 때 가진 그 선민의식과 19세기 선교사들을 해외로 보낼 때 가진 선민의식은 그 뿌리가 같은 것이다.

여기에 미국 선교사업과 미국 사람들이 가진 선민의식과

예외의식은 미국의 팽창주의, 미국의 제국주의의 뿌리였다. 그렇기에 미국의 제국주의는 옛 대륙 유럽의 그것과는 다르다. 유럽의 팽창주의나 제국주의가 단순히 국가 사이의 경쟁이고 그래서 무력에 오로지 의존한 감이 있는 그야말로 '동물의 정신'(animal spirit)을 가지고 있다면, 미국의 제국주의는 미국 사람들의 종교적 선민의식에 뿌리를 두고 있으므로 무력보다는 종교적으로 채색된 하나의 '훌륭한 정신적 제국주의'(the fine spiritual imperialism)인 셈이다. 유럽의 것이 인간 행위의 형태를 띠었다면 미국의 것은 종교 행위의 꼴과 결을 가졌다는 말이다.130) 미국 기독교의 선교사업도 이러한 정신에 기대에 이루어졌다.

그렇기에 미국의 선교사들은 인종적 편견과 다른 문화나 습속에 대한 우월감을 지니고 있었다. 이것은 그들의 건국 이야기에서도 볼 수 있고 그들의 해외선교 이야기에서도 읽을 수 있다. 이러한 '악의 뿌리'를 지니었음에도 불구하고 미국 선교사들은 앞서 말한 것처럼 그들의 행위를 제국주의적으로 인식하지 않고 종말이 오기 전 이방인들을 구원하여야 한다는 사명감으로 불타 있었다. 미국의 종교적인 제국주의와 정신적인 제국주의의 최전선에 선교사들이 서 있었던 것이다. 이들이 중국으로 가나, 일본으로 가나, 조선으로 가나, 그들은 항상 이러한 선민의식과 미국의 예외성이라는 우월감을 가지고 있었기 때문에 토착사회 질서나 그 문화와 습속이 파괴되고 부정되어야 하는 것이었고 그 '폐허', 그 '광야'에 새로운 '정원'을 만들어야 하는 일에 열성적이었다. 이 '새 정원'은 그들이 가진 종교적 이상에 터하여 만들어지고 가꾸어야 했다.

  미국 기독교의 선교를 이야기할 때 빠뜨리지 말아야하는 것이 하나 더 있다. 예나 지금이나 미국 사람들을 비롯하여 서양 사람들은 아시아에서 중국, 인도나 일본 그 뒤에 한국을 생각한다. 그래서 미국 선교사들은 인도, 중국과 일본으로 먼저 가 학교도 세우고 병원도 열면서 선교활동을 하였다.131) 동아시아 세 나라 가운데 맨 마지막으로 기독교가 우리 땅에 들어왔다. 기독교와 유교적 조선사회가 어떻게 만났는지, 만나 어떠한 일이 벌어졌는지, 우리는 다음 마당에서 논의할 것이다. 동아시아 세 나라 가운데 가장 늦게 기독교를 수용했음에도 불구하고 왜 오직 이 땅에서만 기독교가 놀랍도록 성장하였는지를 질문하면서 말이다.132)

교회, 견고한 벽을 허물다

차별과 군림의 유교적 질서를 허물고 평등하고 함께 섬기는 새로운 질서를 만들려는 이들의 조직 공동체가 당시의 교회였다는 말이다. - 본문 중

7. 기독교와 유교적 조선의 만남

19세기 말 기독교는 서양 제국주의의 물결을 타고 조선에 왔다. 익히 아는 대로, 1392년 조선왕조 창건 이래 지배 세력인 양반의 통치 이념으로 채택된 유교가 정치, 사회, 경제, 문화 등 모든 분야에서 거역할 수 없는 정통 이데올로기 역할을 하고 있었다. 이 견고한 유교적 질서도 19세기 말엽이 되면서 안팎의 충격으로 틈이 생기기 시작하였고, 이 틈새를 비집고 기독교가 들어 온 것이다. 이것은 '하나님 앞에서 모두가 평등하다'는 기독교와 '사농공상'(士農工商)이라는 신분 차별에 터한 조선의 유교 사회의 만남을 뜻한다. 수직적 유교 사회와 수평적 기독교 가치가 만났다는 것은 둘 사이에 필연적인 갈등과 긴장의 역사가 시작되었음을 의미한다.133) 이 긴장과 갈등을 세밀히 살펴보자.

유교적 조선사회

유교는 신학(神學)이 아니고 인학(人學)이다.134) 신이나 죽음 그리고 죽음 다음의 세계에 관심을 가지는 것이 아니라 사람의 문제, 이들의 관계를 논의한 사회 철학이다. 중국 사상을 연구할 때 한자의 분석이 필수적이다. 이를테면 '사람 인'(人)은 두 획으로 되어있다. 단수인 이 '인'은 두 획, 그러니까 두 사람의 뜻을 지니고 있다. 사람이 혼자일 때 의미 있는 사람이 아니고 둘일 때 사람이라는 말이다. 그리고 유교에서 가장 높이 사는 덕목이 '어질 인'(仁)이고 그래서 유교사회에서는 '인자'(仁者), 풀어 말하면 '어진 사람'이 되는 것이 모두의 삶의 목표이다. 그런데 이 '어질 인'의 뜻은 '어짐'이라고 그렇게 간단하게 뜻 새김을 하지 말아야 한다.

이 '어질 인'(仁)은 '사람 인'(人)에다가 '둘 이'(二)가 합쳐진 말이다. 앞서 말했지만 두 사람의 뜻을 가진 '사람 인'에다가 둘을 더 보태면 '네 사람'이 된다. 상징적으로 말해서 이 '어질 인'은 '여러 사람'을 뜻한다. 이것은 무엇을 말하는가. '여러 사람'이 있을 때는 사람관계가 있게 된다. '사람관계'에 있어서 누구나 나쁜 관계, 불편한 관계를 가지려 하지 않고 좋은 관계, 편안한 관계, 매끄러운 관계를 가지려한다. 그러니까 이 '어질 인'은 좋은 인간관계, 화목한 인간관계를 최고의 덕목으로 삼고 유교사회에서는 모두가 화목한 인간관계를 만들어가는 '인자'가 되려한다. 어느 누구가 이 '화목한 인간관계'를 갈망하지 않겠는가. 어떻게 이를 달성하고 유지하느냐가 문제일 뿐이다.

유교에서는 이른바 '오륜'(五倫)이라는 '다섯 가지의 기본적 인간관계'를 화목하게 만든다면 화목한 가정, 화목한 사회를 이룩할 수 있다고 가르친다. 이 '다섯 가지의 기본적 인간관계'가 화목하게 되면 가정과 사회의 갈등과 분쟁, 시기와 질투, 불안과 불화가 없어진다는 아주 낙관적인 가르침이 유교다. 이 다섯 가지는 임금과 신하관계, 남편과 아내관계, 아버지와 아들관계, 형과 아우관계 그리고 친구관계(나이가 중요하다)이다. 이러한 관계가 매끄럽고 화목할 때 정치, 사회, 가정이 평화스럽다는 것이다. 문제는 이 다섯 가지 인간관계를 어떻게 화목하게 하고 또 유지하는가이다.

유교에서 말하는 이 인간관계는 수평적 개념이 아니고

수직적 개념이다. 다시 말하면 임금과 신하가 남편과 아내가, 아버지와 아들이, 형과 아우가 그리고 나이 많은 이와 나이 적은 이가 평등하지 않다. 임금, 남편(또는 남자), 아버지, 형 그리고 나이 많은 이가 항상 위에 자리하고 신하, 아내, 아들, 아우 그리고 나이 적은 이가 밑에 자리하는 주종의 관계, 수직의 관계, 불평등의 관계다. 이러한 수직적 관계, 주종의 관계를 틀을 통하여 가정과 사회를 안정시키고 화목(?)하게 하도록 가르치는 것이 유교다.

특히 우리의 관심을 끄는 것은 아버지와 아들의 관계, 형과 아우의 관계는 있는데 왜 아버지와 딸의 관계, 자매관계, 오빠와 여동생이나 누나와 남동생관계, 그리고 어머니와 아들이나 어머니와 딸의 관계는 없는가 하는 것이다. 이 '다섯 가지의 기본적 인간관계'에는 여자가 무시되고 있다는 점이다. 여로는 오직 '아이를 생산하는 아내'만 있을 뿐이다. 유교사회에서는 '삼종지도'(三從之道)라는 '세 가지의 복종'을 여자에게 가르쳤다. 여자로 태어나면 결혼 때까지 아버지라는 남성, 결혼 후 남편이라는 남성 그리고 남편이 죽고 난 후 본인이 죽을 때까지 아들이라는 남성에게 복종하며 살아가도록 가르쳤다. 남자 중심의 사회를 가르치는 유교는 분면 반 여성의 사회철학이다.

봉건적 사회철학을 따르는 유교사회에서는 사람들을 구분한다. 권력가진 자와 못 가진 자, 나이 많은 이와 적은 이, 남자와 여자를 구분한다. '남녀칠세부동석'(男女七歲不同席)이라 하여 남자와 여자는 일곱 살이 되면 서로 멀리하며 살아야 했다. 또한 '사농공상'(士農工商)이라고 하여 모든 사람들을 구분하고 있다. 양반을 제일 위에 두었고 농업에 종사하는 이들을 상민이라 하였는데 이들을 상놈으로 불러댔다. 그 밑에 공업이나 상업에 종사하는 이들을 천대하여 '쟁이'니 '장사치'니 하고 불렀다. 다른 신분 사이에는 말하는 법도 달랐고 결혼도 금지하였다. 차별과 억제의 사회인 것이다.

이러한 사회에서는 '군림'이 삶의 목표가 된다. 모두가 과거를 보고 부, 권력 그리고 명예를 누릴 수 있는 그래서 다른 사람 위에 군림하고 으스댈 수 있는 양반이 되고자 한다. 그러나 과거에 합격하고 관직에 올라 본인은 물론 온 집안이 떵떵거리며 살 수 있는 사람은 가난한 하층신분의 사람들이 아니다. 가난한 이들은 공부할 틈이 없다. 본인과 가족의 생계를 위해 논밭으로 일을 나가야 하기 때문이다. 오직 부유한 양반 아들만이 일하지 않고 좋은 선생 밑에서 좋은 교육을 받게 됨으로 이들이 과거에 합격하고 양반이 되었던 것이다. 자자손손 세대를 이어 양반은 군림의 양반자리를 계속 누리게 된다. 위에 있는 자들은 항상 위에, 아래에 있는 자들은 항상 아래에 있게 된다는 말이다. 바로 유교적 조선사회가 그랬다.

이러한 조선 사회는 영속될 수가 없다. 양반에게 착취당하고 억눌려온 하층신분의 사람들이 사회적으로, 정치적으로 깨어나 양반 중심의 사회를 뒤집으려는 민란이 여기저기서 일어나기 시작하였다. 비록 실패는 하였지만 1894년에는 동학농민혁명군이 유교왕조를 뒤흔들었다. 1876년 일본에 의해 강제적으로 문을 연 조선은 1882년 미국을 비롯한 서양제국과 조약을 맺어 '은자의 나라' 조선에도 개혁의 열기가 불어 닥치었다. 이 물결을 타고 기독교가 들어왔다.

기독교의 가르침

조선의 기독교는 다른 나라의 기독교 역사와는 다른 역사를 가지고 있다. 우리나라 사람들은 서양선교사가 오기 전 일본이나 만주를 드나들면서 기독교를 수용했다. 이들이 개종하고 고향으로 돌아와 친지들에게 전도하고 이 땅에 최초의 교회를 소래(솔내, 松州)에 세웠던 것도 모두 서양선교사들이 오기 전의 일이다. 이것은 우리나라 사람들이 수동적으로 기독교를 받아들인 것이 아니라 주체적으로 그리고 적극적으로 수용했다는 말이다. 바로 여기에 조선 기독교의 놀라운 성장의 원인이 있다.135) 두 번째는 동아시아 세 나라 가운데 제일 늦게 기독교가 소개 되었지만, 그리고 가장 작은 수의 선교사들이 적은 선교비로 선교운동을 펼쳤으나 조선에서만 비길 데 없는 성장을 하였다는 점이다.

하여튼 지속적으로 성장하던 당시 기독교라는 공동체에는 어떤 이들이 들어왔는가? 초기 개종자들이 사회적 배경을 분석한 바 있는 사회학자 박영신은 이들은 모두 개혁적 조선 사람들이라고 하였다. 유교적 체제와 이념적, 심리적으로 강하게 이어지지 않아 쉬이 새 종교에 들어온 평민들도 개혁적이고, 유교적 조선을 개혁하여 부강한 나라를 만들어 보겠다고 들어온 양반들도 개혁적이었다.136) 청일전쟁 전후에 침략의 야욕을 드러낸 일본에 맞서기 위해서 힘과 부의 상징이 된 미국에 기대어 나라를 구하려 했던 이들도 모두 개혁적이었다. 짧게 말해서, 이 새 종교 공동체의 구성원들은 적극적이든 소극적이든 처음부터 모두가 개혁적이었다.

이 개혁적 조선 사람들이 모여들기 시작한 기독교의 가르침 또한 개혁적, 아니 당시의 역사적 상황에서는 가히 혁명적이었다.137) 흔히 말하는 것이지만, 이들은 하나님 앞에서 모두가 평등하다는 가르침을 받았다. 유교적 신분 사회에서 양반과 상민이, 남자와 여자가, 그리고 어른과 어린이가 동등하다고 믿고, 한 곳에 모여 종교의식과 행사를 하였다. 대다수 조선 사람들이 따르는 유교적 가르침과 습속과 결별을 결단한 이들이다.

유교적 조선의 오랜 관행인 제사를 비기독교적인 것으로 단정하고, 새로운 종교 공동체에 들어오기 위해서는 이러한 유교적 가르침과 관행을 비롯한 옛 습관과 습속을 포기할 것을 요구하였다. 유교적 신분 사회에 대한 기독교의 비판과 가르침은 자못 전투적이었다. 당시의 자료를 한 구절 따와 보자.

"조선의 (유교적)스승들은 여자는 남자보다 못하다고 가르쳤다. 기독교는 이를 정면으로 부인함으로써 충돌이 있게 된다. 이들은 어떤 사람들은 다른 이들보다 더 우월하다고 가르치는데 우리는 또한 이에 동의하지 못한다."138)

당시 기독교 신도들은 이러한 불평등과 차별의 제도, 습속을 소극적으로 피한 것이 아니다. 당시의 기독교인들은 사람을 구분하여 차별하는 유교질서를 '사악한 것'(the evil)또는 '이방의 가르침'(heathenism)으로 간주하며 적극적으로 부딪혀 바꾸기를 선포한 무리들이었다.139) 기독교로 개종한 한 양반의 고백을 보자.

"넉 달 전 나는 이 사랑방(예배처소-글쓴이 달음)에 있는 것이 부끄러웠다. 교인들이 모여 무릎 꿇고 기도할 때 나는 기분이 매우 언짢아 똑바로 편히 앉았었지만, 얼마 후 나도 무릎 꿇기 시작했는데, 부끄러운 마음이 모두 사라져버렸다. 하나님이 나에게 믿는 마음을 주신 것이다. 내 친구들은 내가 미쳐 버렸다고 말하면서 찾아오지도 않는다. 그러나 참 하나님을 경배한다는 것은 미쳐 버린 징조가 아니다. 사실 나는 양반이지만 하나님께서는 어떤 이는 양반으로, 또한 어떤 이는 상놈으로 만드시지 않았다. 인간들이 그러한 구분을 지은 것이다. 하나님께서는 모든 사람들을 평등하게 만드시었다."140)

다른 조선 사람들보다 더 개혁적이어서 이 종교 공동체에 들어온 이들이 '혁명적 가르침'을 받아 전투적으로 벌이는, 그러나 소리 없는 혁명을 우리는 위의 글귀에서 읽게 된다. 예수를 믿은 후 하나님은 모든 사람들을 평등하게 지으셨다는 양반의 고백도 그러하거니와 무엇보다도 크게 위세를 부리던 양반이 천대받던 상놈과 부녀자들과 함께 자리하여 똑같이 무릎 꿇고, 한 하나님을 향해 기도하고 찬송 불렀다는 행위도 혁명적이고, 계급을 초월한 그 모임 자체도 당시로서는 혁명적이었다. 세상 친구들의 조롱을 우습게 여기고 세상 것을 초월하여 더 높은 수준의 삶을 추구하겠다는 당시 기독교 신자들의 깊은 신앙심과 자부심이 위의 따 온 글 뒤에 깔려 있음을 느낄 수 있다. 특히 이 글에서 우리는 양반과 상놈을 구분하고 차별하는 제도를 인간이 만든 제도라고 한 것을 소중히 여기고자 한다. 하나님이 만든 것이 아니라 인간이 만든 것은 인간이 파기 할 수 있다는 믿음을 초기 개종자들은 가지고 있었던 것이다. 예수가 유대의 율법을 대하듯이 말이다. 다시 말해서 당시 기독교 신자들은 이처럼 도전적이고 개혁적인 무리였던 것이다.

바로 이 개혁적 조선 사람들은 당시 대다수 조선 사람들과는 달리 '새로운 정치'를 체험해 보고 이에 필요한 정치 기술을 습득한 무리였다. 이들은 교회와 교회 계통의 학교 및 관련 기관에서 예배, 기도회, 성경공부 모임, 연설회, 토론회 같은 공중 집회와 청년회, 학생회, 전도회, ㅇㅇ위원회와 같은 활동을 통해 대중 앞에 서서 대표로 성경을 읽거나 찬송을 인도하고 또한 대표로 기도하는 종교 행위를 통해 대중 앞에 서는 훈련을 받았다. 또한 토론, 연설의 기술을 터득하고 모임을 만들고 이끄는 능력을 개발하고 그 기술을 배웠다. 특히 이 종교 공동체의 여러 활동에 참여, 회장을 비롯한 간부를 뽑고, 뽑히는 새 정치 경험을 한 무리들이었다.141)

그래서 나는 반일감정이 치솟고 미국에 기대려는 정서가 퍼져 나가는 특수한 역사적 상황에서 개혁적인 조선 사람들이 몰려와 움터 자라나기 시작한 이 기독교 공동체의 성장은 개혁 세력의 조직적 확장이었다고 주장한 바가 있다.142) 개혁의 뜻만 가진 이들이 아니라 그 뜻에 더하여 모임을 만들고 운영하는 정치 기술까지도 무리들의 조직적 확대가 기독교 공동체의 성장이라는 말이다. 유교적 가치와 질서를 받아들이기를 거부하는 이 당시의 새 교육운동, 문화운동, 사회운동, 정치 운동이 이러한 기독교 공동체 안팎에서 펼쳐지고 있었던 것은 너무나 당연한 것이다. 독립협회 운동을 보기 삼아 이를 살펴보자.

기독교와 근대 개혁운동–독립협회를 중심으로143)

고급 관료들의 사교클럽으로 등장한 독립협회는 '신지식층'과 '동류의 사회의식을 가진 다수의 민중'이 참여하는 민중 진출기를 거쳐 민중 주도의 사회·정치 운동으로 발전하였다. 사회학자 신용하는 '신지식층'을 서재필, 윤치호, 이상재, 남궁억 등 기독교 그룹과 개신 유학자 그룹으로 분류하고 있다.144) 그러나 이 연구는 이른바 "신지식층"이 배경으로 삼은 집단과 어떻게 이념적·조직적으로 이어져 있는가 하는 즉 이 운동의 사회사적 모습을 그리지 못하고 있다. 그 한 보기가 독립협회 지부 설치에 대한 설명이다. 이를테면 1889년 독립협회는 공주, 평양, 선천, 의주, 강계, 북청, 대구 및 목표에 지부를 설치하였다.145) 공주 지부는 중앙 간부이자 친 기독교계 인사인 이상재와 지석영의 요청으로 이루어졌고, 나머지 7개 지부는 그 지방에 사는 이들로부터 설치 요청에 따라 이루어졌다고 그는 밝히고 있다.146) 그렇다면 도대체 이 지방 도시들에서 누가 서울에서 펼쳐지는 독립협회 운동을 들어 알고 있었으며 또한 이 협회가 품고 있는 개혁의 뜻에 심정적으로 동조할 뿐만 아니라 이를 적극적으로 펼쳐보려는 이들은 누구였는가라는 질문으로 이어져야 한다. 이에 더하여 다른 지방도시에 사는 이들이 아니라 왜 하필 위의 지방도시에 사는 이들이 앞서 지부 설치를 요구하였는가도 물어야 한다. 이에 대한 대답이 바로 동류의 사회의식을 가진 다수의 민중, 곧 깨어난 민중의 실체를 밝히는 것이 된다. 우리는 이 독립협회 운동을 당시 이념적으로 유교적 조선을 개혁하려는 무리의 조직 공동체로 급성장하고 있는 기독교와 이어서 설명해야 한다고 보고 있는 것이다.

지금까지 나온 연구나 자료에 의하면, 지부가 설치된 8개의 도시 가운데 앞서 말한 공주 지부는 중앙의 친기독계 인사들의 요청에 의해 설치되었고 나머지 7개 도시는 유독 기독교가 급성장하던 지방이나 도시였다. 평양, 의주, 강계, 선천은 이른바 서북지방, 즉 당시 조선의 기독교 교세의 반 이상이 집중된 지방의 도시들이다. 교회의 수도 그렇고 기독교 계통 학교의 수도 전체의 거의 반이 이 서북지방에 집중되어 있었다. 경상도의 대구, 함경도 북청, 그리고 전라도 목포 등도 기독교가 급성장하던 도시였다.147) 개혁적인 조선 사람들의 공동체인 기독교에 열심한 지방의 사람들이 서울의 기독교 지도자들이 펼치고 있었던 독립협회의 지부 설치를 요청하였던 것이다.

민중이 독립협회 운동에 참여하게 된 매체가 토론회였는데, 이 토론회도 기독교계 학교인 배재학당에서 처음 실시하였고, 뒤에 독립협회에서 토론회를 개최하였는데, 이때도 배재학당에서 토론회를 가르치고 참여한 기독교계 인사들이 주축이 되었다. 서울 밖에서 최초로 토론회가 시작된 곳이 최초의 교회가 선 솔래(松州)였다는 것도 우연이 아니다.148) 앞서 말했지만 기독교 신자들은 조선의 어느 무리들보다도 먼저 대중 앞에서 토론하고 연설하는 새 정치를 체험하였고 또한 모임을 만들고 운영하는 새 정치 기술을 습득한 이들이었다.

한 자료에 의하면, 독립협회의 평양 지부는 길선주, 안창호를 비롯한 평양 기독교 지도자들 17명에 의하여 설치되었다. 지부 설치 기념대회에 약 4~5천명이 모였고 길선주와 안창호가 연설을 하였으며, 참석자 대다수는 기독교 신자들이었다.149) 이만열의 연구에 의하면, 중앙의 지도부를 기독교계 인사들이 움직였으며 아펜젤러와 같은 선교사들도 지원하고 있었고 평양의 기독교인들이 적극적으로 독립협회 운동을 지원하는 대중 집회를 열고 있었던 것이다.150) 「황국협회」나 보부상들이 독립협회의 대중 시위를 탄압할 때 교회와 선교 학교가 독립협회의 "장귀"(長鬼)였다고 지적하였고,151) 「일본공사관기록」도 독립협회와 기독교 공동체의 이음새를 지적하고 있다.152)

'동양의 예루살렘'이라 일컬어지기도 하고, '조선 기독교의 성지'라고도 불릴 만큼 기독교 성장과 활동이 왕성했던 평양에서 기독교 신자들, 곧 '동류의 사회의식을 가진 다수의 민중'에 의해 독립협회 평양 지부가 설치된 것이나, 기독교가 놀라운 성장을 보인 서북의 선천, 강계, 의주와 함경도의 북청, 전라도의 목포, 경상도의 대구의 지부 설치된 것 등 독립협회 활동이 다른 지방과 도시보다 더 활발하였던 것은 기독교 공동체 때문이었다고 보는 것이 마땅하다.

독립협회의 중앙 지도부를 움직인 서재필, 윤치호, 이상재, 남궁억, 이승만 등이 기독교 지도자들이었고, 지부 설치를 비롯한 지방 활동도 기독교가 왕성한 곳에서 그 구성원에 의해 펼쳐졌다면, 독립협회 운동을 기독교 공동체와 떼어서 또는 독립협회 운동에 기독교 신도들이 참여한 정도로 이해되거나 설명되어서는 안 된다. 독립협회 운동과 같은 당시의 사회·정치적 운동이 개혁적이며 또한 새로운 정치를 체험하고 그 기술을 체득한 무리의 공동체인 기독교와 이념적·조직적으로 깊게 이어져 있었던 것이다. 신문화 운동의 본거지는 교회와 교회가 세운 학교였고, 또 조선 사람들이 쉽게 모여 개혁을 논의할 수 있는 곳은 교회나 교회 계통의 학교 밖에 없었던 것이다.[153]

청일전쟁 후 합방 전까지의 기독교 성장은 반일 감정이 치솟고 친미적 분위기가 확산될 때 이루어졌고, 그것은 침략의 야욕을 드러낸 일본을 물리치고 나라를 개혁하여 부강하게 만들려는 사회·정치 운동이 이념적·조직적으로 기댄 공동체의 성장이기도 했다. 그래서 나는 기독교의 성장과 개혁적 사회·정치 세력의 조직적 확대를, 거꾸로 개혁세력의 확산은 기독교 공동체의 확산, 적어도 이 종교에 호의적인 세력의 확산을 의미한다고 주장한 바 있다.[154] 구한말 기독교와 조선의 개혁적 사회·정치세력은 이렇게 만나 이처럼 물려 있었던 것이다. 차별과 군림의 유교적 질서를 허물고 평등하고 함께 섬기는 새로운 질서를 만들려는 이들의 조직 공동체가 당시의 교회였다는 말이다.

"좁은 문으로 들어가거라. 멸망으로 이끄는 문은 넓고, 그 길이 널찍하여서, 그리로 들어가는 사람이 많다. 생명으로 이끄는 문은 너무나도 좁고, 그 길이 비좁아서, 그것을 찾는 사람이 적다."

— 마태복음 7:13-14

8. 일제 강점기 기독교의 두 모습
- 기독교와 민족운동 세력과의 이음쇠

무력시위를 하여 위협하는 일본제국과 1905년 보호조약을 맺고 이어 1910년 한일합방이 되었다. 일본의 식민지가 된 것이다. 우리 민족에겐 빛 한줄기 없는 어두움이 밀어닥칠 때 울분에 못 이겨 자결하는 이들도 있었고, 마지막까지 온몸으로 저항하려 했던 이른바 의병투쟁도 있었다. 그러나 일본의 식민굴레를 벗어나기란 역부족이었다. 1905년부터 해방이 되던 1945년까지의 우리 역사는 그야말로 암울한 시기, 참담한 시기였다. 이 식민통치시대에 기독교는 어떠한 모습으로 우리 역사에 자리하고 있었는지 살펴보자.

일제 초기-물림의 꼴과 결

　조선이 일본의 식민지가 되었을 때 기독교는 조선민족의 최대의 조직 공동체로 떠올라 있었다. 1910년에 이 종교와 이어진 각종 학교가 832개나 되었고 이들 학교에서 가르치고 운영하는 교직원이 수천 명에 이르렀다.155) 1914년 장로파와 감리파만 따져도 1,688명에 이르는 성직자와 20만 명에 이르는 신도, 그리고 2,300 이상의 예배처소를 가지고 있었다.156) 최대교파인 장로교는 1907년 독노회(獨老會)를 조직, 전국에 널리 퍼져 성장하고 있는 산하 교회와 관련 기관을 하나의 정치·행정조직체로 묶는가 하면, 조선 교회 지도자들이 교회의 운영에 참가하게 되었다.157) 신문과 잡지를 발행하여 구성원의 응집력을 더 높이고 밖으로 그 영향력을 넓혀 가는가 하면, 이른바 부흥운동으로 기독교는 또다시 급상승 곡선을 그리며 수적 성장을 하여 일제 초기 기독교는 거대한 조직 공동체로 자리하고 있었다.

　조선이 일제의 식민지가 되었을 때 기독교는 단순히 종교적 공동체로만 머물러 있을 수 없었다. 익히 알다시피 합방과 함께 시작된 무단통치로 조선 사람들은 종교적 조직과 활동 외에는 집회, 결사, 언론 등 기본 자유를 송두리째 빼앗겼다. 이러한 상황이 전개될 때 교회는 나라 잃은 조선 사람들이 쉬이 모일 수 있는 곳, 서로 만나 아픈 가슴을 매만져 주는 곳, 여러 정보를 교환하는 곳, 식민 통치의 굴레를 벗어나고자 하는 여러 사회·정치 운동의 모의처나 연락망으로 기능하게 되었다. 합방 전 개혁세력의 조직 공동체의 역할을 하였던 기독교가 이제 반일 독립운동세력의 조직 공동체의 기능을 하게 된 것이다. 기독교의 조직, 가르침, 활동과 프로그램이 조선 민족사연구에서 가볍게 취급하지 말아야 하는 이유가 바로 여기에 있는 것이다.158)

당시 기독교는 매일 새벽 기도회, 수요일 저녁 기도회, 일요일 낮 예배와 저녁 기도회 등 적어도 일주일에 열 차례나 모일 수 있는 프로그램을 가지고 있었다. 이에 더하여 인근 지방의 신도들이 함께 모여 치르는 부흥회나 사경회도 있었다. 사회·정치 조직과 활동을 금지 당하고, 심지어는 서너 명이 모여도 감시당해야 했던 조선 사람들은 비록 예배나 기도회 또는 성경 공부니 하며 모였지만 정치적 의미를 지니고 그 모임 자체가 정치적 기능을 할 수밖에 없는 상황이었다.159)

기독교 신자들은 일주일에 열 차례나 교회에 모여 "믿는 사람들은 군병 같으니", "십자가 군병 되어서", "십자가 군병들아 주 위해 일어나"와 같은 자못 전투적인 찬송가를 힘차게 불렀다.160) 이들은 또한 애굽의 노예 되었다가 해방 된 것, 바빌론에 포로 되었다가 풀려난 것, 블레셋과 같은 강력한 이웃에 둘러싸여 살아온 것—이러한 히브리 역사를 기록한 구약과 새 하늘과 새 땅이 열릴 그 날을 예언한 요한계시록을 반복해서 읽고 또한 이에 터한 설교를 들었다. 이들은 이 이야기들의 의미를 조선의 상황과 이어서 새겨 나갔다. 「출애굽기」를 가르치기 위해 쓴 당시의 주일학교 교본의 머리글을 따와 보자.

"일본이 조선에서 악의 세력이듯이 애굽은 이스라엘의 악의 세력이었습니다. 이스라엘 사람들이 악과 그 세력을 알게 된 것처럼 지금 조선 사람들이 악의 본질을 깨우쳐가기 시작했습니다."161)

왜 당시 교회가 조선 사람들에게 「출애굽기」를 가르치고자 하는지를 설명하고 있는 이 따온 글은 일본을 애굽과 같은 악의 세력으로 조선을 이스라엘과 같은 선의 세력으로 대비시키고 있다. 우리가 익히 알고 있듯이 「출애 굽기」는 애굽의 노예가 되었다가 해방되는 이스라엘 민족의 이야기이다. 이 역사를 같은 선의 세력인 조선 사람들에게 가르쳐 '출애굽'의 소망을 가지게 하려는 뜻이 이 글귀 뒤에 깔려 있다.162) 당시 기독교 신도들은 그리스도를 전쟁터의 대원수로, 성령을 검으로, 하나님에 대한 믿음을 방패로 여기며, 교회를 중심으로 삶을 꾸려갔다.163) 이처럼 해방과 소망의 상징과 언어들, 전투적 노래와 어투로 가득 차 있었던 곳이 당시의 기독교 공동체였다.

종교적 보호벽이 필요했던 조선의 민족주의자들이 이 종교 공동체에 모여들고, 또 이 종교의 지도자들이 민족의 지도자로 떠오르면서 기독교는 다시 성장하게 된다. 따라서 조선 사람들은 이 종교 공동체에 큰 기대를 걸기 시작했다. 1905년의 한 신문은 기독교에 희망이 있는데 그 이유는 "야소교(耶蘇敎, 기독교를 당시에 이렇게 불렀다-글쓴이 달음)의 信徒가 數十萬에 달하고 있다. 그런데 이들이 저마다 「死」字 (죽음으로-글쓴이 달음)로 스스로 맹세하여 국가의 독립을 잃지 않기로 하늘에 기도하고, 동포들에게 권유"하고 있기 때문이었다.164) 이러한 기대는 이후에 기독교를 비판하는 좌파 민족주의자들도 한결같이 가지고 있었다. 종교 그 자체를 무척이도 싫어했던 신채호도 기독교만은 긍정적으로 평가했고,165) 3·1만세사건 이후 공산주의자가 되었던 김산이 전해주는 당시 조선 사람들의 정서를 보아도 그렇다.

"기독교 공동체는 조선 독립의 어머니가 될 것이다. 조선에서 기독교는 부흥 운동으로 나타나지만 그것은 단순히 영적 종교기관이 아니다. 종교의 이름으로 수많은 위대한 역사적 사건을 일으켰던 것이다.166)

당시 조선 사람들은 증가만 되어 가는 기독교 신도 수와 이들의 빈번한 모임, 전국적 조직망, 이들이 가진 해방의 언어와 상징, 그리고 묵시론적 소망, 또한 독립을 꿈꾸고 기도하는 이들의 삶의 자세를 보고 단순한 종교 집단이 아니라 '종교의 이름으로' 모여 조선민족을 위해 큰 일들을 해 왔고, 또 몇 년 가지 않아 틀림없이 '조선독립의 어머니'가 될 큰 역할을 할 공동체로 기대하고 있었다.

기독교에 거는 조선 사람들의 기대가 치솟아 갈 때, 일제 식민통치세력은 이 종교 공동체를 죄어 가기 시작했다. 교회 계통 학교의 교과서를 '정치적 선전 책자'들로, 이 학교들을 아예 '불온한 사상'을 가르치는 '정치 학교'로 간주하고, 기독교 공동체 안팎에서 펼쳐지는 교육을 빙자한 정치교육이 '사회의 안녕과 질서'를 파괴하고 있다고 긴장하고 있었다.167) 일제 식민통치세력의 한 비밀정보보고서에 의하면 그들은 기독교 공동체를 반일 독립운동의 '소굴'(巢窟)로 보고 있었다.168) 식민통치세력의 기독교에 대한 태도를 당시 조선을 방문했던 한 서양 사람은 다음과 같이 증언하고 있다.

"일본 경찰이 교회로 몰려드는 크리스쳔 무리를 보고 이들은 왜 이렇게 자주 모이고 또 대체 모여서 무엇을 하고 있는가를 성가시게 알려고 하였다. ……
수많은 무리가 모여 '믿는 사람들아 군병 같으니 앞서 가신 주를 따라 갑시다,'
'십자가 군병들아 주 위해 일어나' ……와 같은 찬송가를 함께 부르고, 그리고 난 다음 …… 선교사 죠지 맥큔이 뜻이 옳고 마음이 순수한 사람은 약할지라도 힘센 자를 능히 이길 수 있다는 전래의 교훈을 강조하면서 다윗과 골리앗의 이야기를 설명하였다. 이것은 반역적 가르침이라 하여 즉각 식민당국에 보고되었다. 왜냐하면 맥큔이 다윗이 연약한 조선 사람들이고 골리앗이 힘 있는 일본사람으로 상징화시켜 가르치려 했음이 틀림없기 때문이다. 한 목사는 천국에 관하여 설교했다고 하여 체포되었다고 한다.……"

조선에 있는 일본 경찰은 조선 교회의 엄청난 조직이 '반일 혁명의 온상'(hotbed of revolutionary opportunities)이라고 항상 생각하였고, 그래서 방심치 않고 감시하였다. 이른바 1910년과 1911년의 '백만구령운동'이 이러한 의심을 더욱 더 강화시켜 주었다."[169]

이처럼 당시 기독교는 조선 사람들이 보나, 일제 식민통치세력이 보나 반일 독립운동의 "소굴" 이었다. 되풀이 말하지만, 이른바 암흑기에 확대되어 가는 조선 사람들만의 조직 공동체, 전국적 연락망, 전투적 어투와 노래, 해방과 소망의 상징과 언어, 반일 해방의식, 종교적 확신과 사명감으로 가득 찬 이 기독교 공동체는 당시 조선 사람들로 하여금 큰 기대를 걸게 하였고 일제 통치세력의 눈에는 가시처럼 보이기에 족하였다. 따라서 이 종교 공동체가 당시 반일 독립운동에 어떠한 역할을 하였는지 쉬이 짐작이

될 것이다.

1908년 이토 히로부미(伊藤博文)의 미국인 고문 스티븐슨(Durhan W. Stevens)을 이 종교 공동체에서 성장한 장인환이 암살한 것, 보호조치를 앞장서 추진한 이완용을 암살하기 위해 음모했다 하여 1909년 체포된 이재명을 비롯한 이 사건 연루자들의 반 이상이 교회 청년들이었다는 사실은 이들의 개인적 활동으로 볼 수도 있으니 여기서는 접어 두자. 그러나 3·1운동 전에 기독교 공동체와 반일 독립운동세력이 이념적·조직적으로 이어져 생겨난 비밀 결사단체인 신민회(新民會)는 지나칠 수 없다. 전덕기 목사, 윤치호, 이동휘, 이회영, 이동녕을 비롯한 기독교 지도자들과 반일 민족주의자들은 젊은이들을 교육한다는 구실을 내걸고 서울 상동교회에 이른바 〈상동청년학원〉을 열었다. 1905년 보호조치가 있고 이어 집회, 결사, 언론의 자유를 빼앗아가자 조선의 민족주의자들과 젊은이들은 활동이 허용된 종교 공동체를 찾게 되었다. 상동교회의 청년학원에도 학원에 가는 핑계로, 또는 교회에 가는 구실로 많은 민족주의자들과 젊은이들이 찾아 들었다. 바로 이러한 접촉을 통해서 1907년 「신민회」라는 비밀 결사체가 생겨날 수 있었다.

당시 조선 사람들은 「신민회」를 이전의 독립협회 세력이 다시 뭉쳐 나타난 단체로 간주하고 있었다. 이는 독립협회 주도 세력인 윤치호, 주도적 참여 세력에 속한 안창호, 이회영 등이 신민회의 중심인물로 활약했기 때문이다. 우리가 흥미롭게 보아야 할 것은 이전의 독립협회 운동이 지부 설치 등 지방으로 확산되어갈 때 그랬듯이, 신민회 역시 기독교 지도자와 신도들이 교회와 교회 계통 학교 등 이 종교 공동체의 조직을 연락망으로 삼아 새 회원을 모집하고 지부를 결성해 나갔다는 사실이다. 이전의 독립협회 운동처럼 신민회도 중앙의 지도자들이 교회 성직자이거나 기독교계 인사들이고 또한 기독교 세력이 집중되어 있는 서북지방에서 유난히 활발하였다. 이 지방의 숭실학교, 일신학교, 양실학교의 선생들과 학생들이 신민회 운동의 지도자들이었고 회원들이었다.170)

조선 사람들의 기대를 안고 계속 성장해 가는 기독교 공동체에 이념적, 조직적으로 기댄 신민회 운동이 지방으로 확산되어가자 일제 식민통치세력이 가만히 있을 리가 없었다. 조선 민족의 최대 조직 공동체인 기독교와 반일 민족주의 세력 사이의 이음새를 끊기 위해 데라우찌(寺內) 총독을 암살하려 했다는 구실로 157명에 이르는 신민회

간부들을 체포하였다. 이 가운데 122명이 기독교 지도자들이거나 신도들이었다. 일제 초기에는 기독교와 민족주의 세력이 이념적, 조직적으로 이렇게 물려 있었던 것이다.

그리고 기독교와 반일 독립운동세력이 떼려야 뗄 수 없을 만큼 깊이 물려 있었다는 사실이 1919년 3·1운동에서는 더욱 뚜렷이 나타난다. 널리 알려진 대로, 독립선언서에 서명한 이른바 33인의 민족대표 가운데 16명이 목사, 장로를 포함한 기독교계 사람들이었고, 체포된 주동자들의 22%인 1,719명이 기독교 공동체에 속한 이들이었다. 체포된 장로파 소속 신도들과 지도자들만도 무려 3,804명이나 된다.[171] 이런 통계만 보아도 이 종교 공동체와 사회 독립운동과의 이음새의 정도를 쉽게 짐작할 수 있다.

사회·정치 조직과 활동이 금지된 암흑기에 교회와 교회 계통 학교, 교회 관련 기관이라는 조직과 연락망이 없었더라면 그리고 사회·정치적 지도자들이 없었던 당시에 종교적 지도자라도 없었더라면, 3·1운동의 내용과 규모는 실제로 나타난 것과는 크게 달랐을 것이다.[172] 이러한 상황에서 종교지도자들이 민족의 지도자로 떠오르게 되었고 종교지도자들은 그 역할을 스스로 떠맡아 그들이 갖고 있는 조직망을 이 거사에 동원하였던 것이다. 기독교가 정치 집단은 아니지만 집회, 결사, 언론의 자유를 송두리째 빼앗긴 일제 초기를 살아야 했던 조선 사람들에게는 기독교를 비롯한 종교들이 유일한 조직 공동체였다. 그러니까 이들은 이 종교 공동체에, 그리고 그 지도자들에게 심리적, 사회적, 정치적으로 기대하고 또한 기대고 있었던 것이다. 이러한 상황에서 기독교 공동체와 민족독립운동세력은 깊게 맞물려 있을 수밖에 없었다.

일제 후기-엇물림의 조짐

3·1운동은 조선민족이 열망하던 독립을 즉각 가져다주지 못했고 오히려 일제 식민통치세력으로부터 참혹한 탄압을 불러왔다. 그러니까 3·1운동 후 조선 사람들은 실망, 좌절, 낙담의 늪에 빠지게 되었다. 「폐허」의 시인 오상순은 3·1운동 후의 조선을 '황량한 폐허' 그리고 그 시대는 '비통한 번민의 시대'라고 했다.[173] 또 당시 조선을 죽음이 지배하는 것 같다고 했다. 독립을 갈망하여 피 끓는 가슴으로 온 몸을 던졌던 3·1만세운동이 좌절되자 조선 사람들은 조선을 암흑과 사망이 깃드는 '폐허'처럼 생각하였다.

모두들 민족이나 독립을 이야기하기 꺼리고 안으로 움츠러 들어 자기만을 생각하는 사람들이 되었다.174)

그러나 이 좌절, 실망, 낙담으로 가득 찬 '폐허' 위에도 조선 사람들은 희망의 씨를 뿌리고 소망의 나무를 심어 갔다.

"새 시대가 왔다. 새 사람의 부르짖음이 일어난다.
들어라 여기에 한 부르짖음, 저기에 한 부르짖음이
일어나지 않았는가?…… 폐허에 새싹을 심어서 새
꽃을 피우게 하(자)"

고 서로 권유하고 나섰다.175) 조선 사람들은 좌절, 낙담, 실망의 늪을 빠져나와 '폐허'의 여기저기에서 '새싹을 심어서 새 꽃'을 피우려 나섰다.

3·1운동 이후의 조선민족독립운동은 이전과는 판이한 성격을 지닌다. 3·1운동 후 일제 식민통치세력은 '문화정치'라는 깃대를 세우고 조선 사람들에게 제한되나마 집회, 결사, 언론의 자유를 허용하는 '계산된 정책 전환'을 하게 되었다. 이렇게 되자 이전에 종교의 보호벽이 필요하여 기독교를 비롯한 종교 공동체 안에 들어와 활동하던 독립운동 세력들은 3·1운동 후 '문화정치'라는 식민통치정책을 이용

하면서 종교 공동체 울타리 밖으로 나가 사회, 정치 단체를 만들어 활동하기 시작하였다. 무단통치기에 종교의 울타리 안에 갇혀 충분히 발산치 못한 사회, 정치활동의 욕구가 한꺼번에 터져 나오듯 1922년만 하더라도 3,000이 넘는 사회, 정치단체가 생겨날 정도였다.176) 또한 「동아일보」, 「조선일보」가 세상에 나오고 「개벽」, 「폐허」, 「동광」, 「신생활」과 같은 잡지들이 발간되었다. 이러한 단체와 신문, 잡지를 통하여 사회주의를 포함한 여러 사상, 주의들이 소개되고 사회주의 운동을 비롯한 여러 이념, 정치 운동이 펼쳐졌다. 그야말로 '새 시대'가 온 것이다. 어떤 역사학자는 이때를 '민족운동의 르네상스'라고 하는가 하면177) 다른 역사학자는 '민족운동의 여명기'라고 일컫기도 한다.178)

그러나 3·1운동 이후의 조선독립운동은 이념적, 조직적으로 나누어져 있었다. 수많은 작은 집단들이 각기 다른 이념적 목소리를 내고 있어 운동의 다양화 현상을 보여주고 있으나 상해 임시정부를 포함해서 어느 누구도, 어느 집단도 조직적, 이념적으로 소집단화 된 독립운동의 여러 세력들을 조정하고 통합하지 못하였다. 곧 이념적으로 오른편에는 문화적 민족주의 그룹이 있는가 하면 왼편에는 공산주의 세력이 있었다. 전략적으로는 외교노선이 있는가 하면 무장투쟁노선도 있었다. 3·1운동 이후 해방까지 조선민족 독립운동은 이념적, 조직적, 그리고 전략적으로 분열되어 있었다. 이 역사는 해방 후 오늘에까지 이어지고 있는 것이다.

  3·1운동 이전까지 개혁 정치와 독립운동 전선의 맨 앞줄에 서 있던 기독교 공동체는 바로 이 시기에 어떠한 자리에서 어떠한 역할을 하고 있었는가? 3·1운동 이후의 역사를 한번 훑어보면 기독교는 '순수 종교화' 작업에 열중하고 교회의 '비(非)정치화'에 몰두하면서 민족공동체의 여러 문제를 외면하고 있었음을 쉽사리 읽게 된다. 물론 기독교에 속한 인물들이 모두 민족문제에 등을 돌렸다는 말은 아니다. 전도사였던 여운형, YMCA 간사였던 박희도, YMCA의 이대위 등이 사회주의나 공산주의를 소개하며 새로운 민족운동의 이념이나 방략을 계속 찾고 있었으며, 김규식, 이승만, 안창호 등도 교육, 외교를 통하여 독립을 쟁취하고자 계속 노력하고 있었다. 1930년대 말에 전개된 신사참배 거부 운동도 있었다. 심지어는 사회주의를 일찍 받아들이고 소개한 이들도 다 기독교 지성인들이었고, 사회주의나 공산주의 운동을 먼저 펼친 이들도 다 기독교계

민족주의자들이었다. 이동휘, 여운형, 박용만, 한위건, 김원벽, 박희도, 이대위, 유경상 등이 고려공산당이나 조선공산당을 조직한 이들이거나 「신생활」, 「청년」이라는 잡지를 통해 사회주의를 소개한 이들이다.179)

박희도, 목사 김병조, 강 매 등은 「신생활」이라는 잡지를 통해 사회주의를 국내에 소개하였다. 이 잡지의 허가 과정, 그리고 운영에 연희전문에 와 있던 선교사 언더우드(H.G. Underwood)와 벡크(A.L. Becker)가 깊이 관여하고 있었음도 흥미 있다.180) 그러나 YMCA 기관지 「청년」을 통해 나온 이대위나 유경상, 김원벽 등의 글들은 사회주의 사상이 인기를 더해 가던 당시의 기독교 지성인들이 지녔던 생각을 들여다 볼 수 있는 귀한 자료들이다. 이대위는 '사회주의와 기독교의 귀착점이 어떠한가?'라는 글에서 다음과 같이 주장한다.

"기독교는 본래 일종의 사회운동이니 그것은 기독 자신부터 사회증구자(社會拯救者)인 때문이다. 재언하면 압박을 받는 평민계급의 증구자이라 하겠고 맑스와 엥겔스 양씨가 공산당선언 당시에 중인에게 분명히 공포한 것이 있으니 그것은 사회주의는 일종의 평민운동(Proletarian movement)이라고 하였으니 역사상으로 보건대 이 양자는 다 평민운동자임이 분명하다." 181)

"사회혁명의 예수"라는 글도 쓴 바 있는 이대위는 기독교와 사회주의를 반대되는 종교나 주의로 여기지 않고 있었다.182) 같은 잡지에 "사회주의자 예수"를 실은 유경상도 "예수는 상당한 사회주의자"라고 말하고 "건실한 사회주의자가 되려면 예수를 중심"하여야 한다고 주장한 바 있다.183) 다시 이대위의 글, "사회주의와 기독교 사상"을 따와 보자.

"오인(吾人)이 이 불만, 불평한 세계를 부인하고 오인이 동경하는 무슨 신세계를 조성코저 함에는 기독교 사상과 사회주의가 상동하다고 사유한다.
…… 이 양자는 현 사회정서의 제반 폐해를 생각할 뿐만 아니라 또 이를 개조하기로 목적하는 자이기 때문이다. 양자가 아직도 그들의 정신을 전 세계에 표현치 못하였으나 여하간 이들은 국제성을 가지고 자유, 박애, 평등의 이상을 실현코저 함이라.…… 오

인이 이상히 여길 바는 이 양자가 안으로는 동일의 목적을 품고 있고 외형으로는 절대의 반목시하는 것은 참으로 가소할 일이다."184)

이대위 등 당시 기독교 지성들은 몰려오는 사회주의 사상이나 운동을 적대시하지 않고 오히려 기독교와의 연계, 연대를 시도하고 있었다. 그래서 이대위는 "최대의 운동과 최고의 이상이 될 만한 것이(조선에) 두 가지가 있다. …… 하나는 기독교 이상이요 또 하나는 사회주의의 실행이다. 그러나 한 가지 이상한 것은 금일의 기독교가 엇지하여 사회주의를 도외시하며 사회주의자는 엇지하여 기독교를 비상시하는가"고185) 양쪽의 닫힌 가슴을 애타게 두드렸다. '사회주의는 기독화'를 '기독교는 사회주의화' 하여 서로 '악수'하여 조선이 처한 여러 문제를 함께 풀어나가야 한다고 역설하기도 했다.186) 1920년대 기독교 지성인들은 사회주의 사상이나 그 운동에 조차도 열린 가슴으로 다가가고 있었다.

그러나 3·1운동 이후의 기독교는 이전과는 달리 민족공동체의 사회, 정치적 문제를 외면하기 시작했다. 교회는 이 세상 문제를 논의하는 곳이 아니라 '저 세상'을 바라다

보는 곳이 되어갔다.187) 비교적 진보적인 목사 송창근조차도 교회와 사회, 정치 문제를 떼어 놓고자 했다. 그는

"교회는 결코 사회문제, 노동문제, 평화문제, 국제문제를 말하거나 혹은 사람들의 변변치 않은 지식이나 주서 모은 사상을 논하는 곳이 아니외다. 복음, 즉 예수 그리스도의 복음, 중생의 복음이 우리 교회의 중심"

이라고 했다.188) 이 글의 내용이 문제가 아니다. 3·1운동 이전에는 교회 지도자들이 민족의 사회, 정치 문제에 앞서기를 꺼리지 않았고 또한 개혁과 독립운동을 위해 교회 조직과 활동을 활용하기를 주저하지 않았던 것과 너무나 다른 입장을 우리는 여기서 느낄 수 있다. 이른바 기독교와 독립운동 세력 사이에 엇물림의 조짐이 나타나기 시작한 것이다. 「信仰生活」을 내고 있던 김인서는 더 노골적이다.

"조선의 교직자도 대답하라 …… 민족사업을 위하여 예수를 따르냐? 그러면 물러갈 날이 있을 것이다. 민족을 더 사랑하는 자도 예수에게 합당치 아니하

다. 사회개량을 위하여서 예수를 따르는가? 그러면 물러갈 날이 있으리라. 교회보다 사회를 더 사랑하는 자도 주에게 합당치 아니하다."189)

3·1운동 이전까지 기독교가 '여기, 그리고 지금'의 문제에 깊이 관여한 역사를 우리는 앞에서 살폈다. 3·1운동 이후 기독교계 지성과 민족주의자들이 개인적으로 여러 사회, 정치 운동에 참여, 주도적 역할을 하였지만 기독교는 더 이상 이들과 이념적, 조직적으로 이어지지도 않았고 또한 잇고자 하지도 않았다. 그렇다면 기독교 공동체와 민족 독립운동과의 관계에 나타난 이러한 변화의 원인은 무엇인가.190)

우리는 앞서 지적한 '변화된 환경'을 이야기할 수 있다. 3·1운동이라는 조선 민족의 거족적 대중 시위가 일어나자 일제는 일단 무력으로 진압한 후 정책전환을 하게 된다. 세계 강국으로 국제사회에 실추된 모습을 바꾸기 위하여, 또한 분노하는 조선 민족을 달래려는 여러 목적의 '계산된 정책 전환'을 하게 된다. '문화정치'라는 이름으로 제한적이지만 조선민족에게 집회, 결사, 언론의 자유를 허용하였다. 조선민족의 독립운동 세력은 '변화된 환경'을 맞은 셈이다. 이전에는 종교의 보호벽이 필요했고 그래서 기독교 등 종교 공동체에 기대어 독립운동을 펼치었으나 이제는 종교의 울타리 밖에서도 사회, 정치 단체를 조직하고 신문, 잡지를 발행할 수 있게 되었다. 앞서 말했지만 1920년대 초기에 3,000여개나 되는 사회·정치 단체들이 조직되었고, 수많은 신문·잡지들이 세상에 나오게 되었다. 이러한 단체들이 이전에 기독교 등 종교 공동체가 담당하였던 정치·사회적 사업과 역할을 하게 되었다. 따라서 기독교의 사회·정치적 역할은 그만큼 줄어들게 되었고 더 이상 이념적, 조직적으로 기대지 않아도 되는 상황이 전개된 셈이다.

그러나 3·1운동 이후의 역사 환경이나 구조의 변화에만 오로지 기대어서 기독교가 민족독립운동 전선에서 뒷전으로 물러섰다고 역사를 인식하지 말아야 한다. 개혁이다, 독립이다 하는 사회적, 정치적 기대를 가지고 교회에 들어와 개혁운동을 하고 독립운동을 펼치던 이들이 왜 3·1운동 후에 기독교를 떠나 단체를 만들고 활동하였는가? 또한 이전에 개혁적 세력이나 독립 운동가들을 껴안고 있던 기독교가 3·1운동 후에는 왜 이들을 저버렸는가를 우리는 따져야 한다. 3·1운동 후 기독교가 조선 민족운동세력 사이에 엇물림의 조직이 있을 때 기독교가 이전과는 달리 혹독한 비판의 표적이 되고 있었다는 사실을 눈여겨볼 필요가 있다. 그리고 그 비판에 터하여 이 엇물림의 역사를 설명하여야 할 것이다.

이전에 조선 민족의 최대 조직 공동체로 떠오른 기독교가 '종교의 이름으로' 사회·정치적으로 큰 공헌을 해 왔고 또한 머지않아 '조선 독립의 어머니'가 될 것이라고 치켜세웠던 김산은 3·1운동 후에는 이 종교를 날카롭게 비판하고 나섰다.

"이 대사태(3·1운동-글쓴이 달음) 이후 내 신앙은 산산조각이 났다. 나는 하나님이 절대로 없다고 생각하게 되었으며, 그리스도의 가르침은 내가 태어난 투쟁의 땅에는 조금도 적용되지 않는다고 생각하게 되었다.191)"

그는 일제가 조선 민족을 짓누르고 있는 식민지 상황에서 오른쪽 뺨을 때리면 왼쪽 뺨도 들이대라는 기독교의 비폭력 윤리에 대해 질문하고, 일제를 비판하기보다 조선 민족의 죄만을 이야기하는 교회 지도자들의 가르침, 그리고 기도로 독립을 염원만 하는 교인들을 비판하였다. "나아가 싸우는 것만이 승리를 얻을 수 있다" 고 확신하고 김산은 몸담고 있던 교회를 버리고 좌파 게릴라 전선으로 뛰어 들어갔다.192)

3·1운동 전에 종교 자체를 무척 싫어했던, 그러나 기독교만은 긍정적으로 보았던 신채호도 3·1운동 이후에는 이 종교를 비판하기 시작하였다. 1928년에 그가 쓴 소설의 한 구절을 따와 본다.

"[기독은] ……늘 '고통자가 복 받는다'고 거짓말로 亡國민중과 무산민중을 거룩하게 속이어 적을 잊고 허망한 천국을 꿈꾸게 하여 모든 강권자와 지배자의 편의를 주셨으니…… 그러나 이번에는 너무 참혹하게 피살하였을 뿐만 아니라 오늘의 자각의 민중들과 비 기독동맹의 청년들이 상응하여 붓과 칼로서 죽은 기독을 더 죽이니 금 이후의 기독은 다시 부활할 수 없도록 아주 영영 참사한 기독이다."193)

신채호는 가진 자들의 종교가 기독교라고 꼬집고 그리스도를 저주까지 하고 있다. 기독교가 식민통치 세력과 돈

가진 자들의 종교가 되어 식민통치 아래 신음하고 나라 잃은 이들을 현혹시키고 고통의 '오늘'을 잊고 다가올 '천국'만을 기리게 함으로 식민통치 세력과 가진 자들을 도와주고 있다고 질타하였다.

기독교에 대한 이러한 비판은 김산이나 신채호와 같은 좌파에 속한 이들만의 것이 아니었다. 3·1운동 이후에는 민족주의 우파에 속한 이들도 혹독한 비판과 질타를 기독교에 퍼부었다. 1920년대 한 신문은 기독교 지도자들이 참혹한 현실을 보지 않고 '권력계급'이나 '부자' 편에 서서 그들의 기부금에만 관심이 있고 노동계급의 현실은 아예 무시하고 사회의 '혁신'을 외면하고 있다고 비판하였다.

"모든 道德과 因習과 尊貴가 다 무엇인가…… 基督은 何를 言하였는가. 「나는 칼을 대고 불을 던지러 왔다」하지 아니하였는가…… 모든 사람이 평등이요 따라 모든 사람이 價値의 絶對主人公인 그 民衆의 光榮을 爲하여 奮鬪하며 祝福하라"194)

고 기독교 지도자들에게 주문하였다.

이 사설은 기독교 성직자들이 교회 울타리 안에 정착하

여 찬송 부르고 기도하며 설교만 할 뿐이지, 이들은 자신이 믿고 있다는 예수가 번민하고 투쟁한 일들을 외면하고 있다고 비판하였다. 바로 이 때문에 기독교는 지배계급과 부자들의 종교가 되어 가난에 찌들고 권력에 눌려 사는 민중의 삶과 유리되었다고 꼬집는다. 그리고 부자와 권력 가진 이들이 만들어 낸 기존의 가치, 관습, 그리고 제도 안에 교회 지도자들이 안주함으로 그리스도의 참 가르침을 저버렸다고 질타하였다.

3·1운동 이후에 빗발친 기독교에 대한 혹독한 비판과 질타는 교회 지도자들의 '비정치화' 작업과 이어져 있다. 3·1운동 후 교회 지도자들은 독립운동과 같은 정치 운동과 기독교 공동체 사이에 놓여 있는 이음새를 끊으려 했었다. 이전에 교회가 사회, 정치적 세력을 껴안고 있었는데, 이제는 이들을 교회 울타리 밖으로 축출하고자 했다. 1920년대에 치솟기 시작한 기독교에 대한 비판은 바로 교회 지도자들이 전개한 교회의 비(非)사회화, 비정치화 작업에 대한 반응이었다. 그렇다면 그렇게도 민족 문제에 앞장서서 열정을 쏟던 기독교 지도자들이 왜 3·1운동 이후 교회와 독립운동 등 사회, 정치 운동 세력과 관계를 끊고자 했는가? 왜 이들은 교회와 사회 사이에 담을 높이 쌓아 그

속에 안주하려 했는가 하는 질문으로 이어진다.

1920년대부터 나타나기 시작한 기독교 지도자들의 이러한 정치적 입장 변화는 여러 시각과 수준에서 설명되어야 한다. 앞서 지적한 3·1운동 이후의 식민통치정책 전환, 이에 다른 역사 환경의 변화도 거론할 수 있을 것이다. 또한 종교적 지식인의 한계나 개개인의 허약한 성격조차 말할 수 있을 것이다. 이를 고려하면서도 나는 이 종교 지도자들도 종교적 지식 계급으로서 이들이 갖고 있는 계급적 속성과 이어서 이들의 변화된 사회, 정치적 입장을 설명하려 한 적이 있다.195)

1920년대에 이르면 기독교 공동체는 엄청난 수에 달하는 '봉급 받는 사람들'을 가지게 된다. 곧 1924년에 장로파와 감리파만 해도 1,266명의 성직자와 1,844명에 이르는 행정요원들이 교회에 경제적으로 기대고 있었다.196) 1919년에 1,517명이던 교회 계통의 학교 선생과 행정요원이 1926년에는 2,789명으로 늘어났다.197) 바로 이들이 25만 명이 넘는 신도들과 수천의 교회와 수백의 학교를 운영하고 가르치는 지도자들이었다. 기독교 공동체에 경제적으로 기대고 있는 이들이 바로 이 종교를 운영하는 지도자들인 것이다. 교육자로서, 문화 계급으로, 종교 지도자로서 사회적 지위와 명망을 얻고 있던 이들이다. 옛 양반들처럼 이들도 교인과 일반 사람들에 대하여 지적, 문화적, 사회적 우월감을 갖고 이들 위에 군림하려는 태도를 보이기 시작한 것이다.198)

기독교 공동체 안에서조차 지도자들이 '점점 상층계급'에만 관심을 가지고 그들과 짝하여 간다는 비판이 나올 정도였다.199) 김원벽은 "기독의 주의와 복음을 선전하는 것을 사명으로 삼는 교역자 제군아! 언제 예수가 부자를 옹호하여 약자를 억압하라 하였더냐! 제군이 교회 중대 문제를 해결할 때에 언제나 부자의 의견을 꺾은 때 있으며 빈자의 생각을 채용한 적이 있느냐"고 교회 지도자들을 비판하였다.200)

기독교 지도자들은 경제적으로 보아 자산가도 아니고 정치적으로 보아 지배세력도 아니었다. 그러나 이들은 종교적 지식이나 이 종교 덕에 얻은 지식을 '자본'으로 일자리를 얻고 사회적 지위를 확보한 종교적 지식계급 또는 문화계급이다. 우리가 익히 보았듯이, 이들의 대다수는 이른바 하층민 출신으로 기독교 공동체에 들어와 이 종교가 베푼 교육과 정치훈련을 받고 이 공동체 안에서 일자리를 얻은 사람들이었다. 이들은 그들이 경제적, 사회적으로 기댄 기독교가 순수한 종교로 성장하기를 바라는 이들이다. 다시 말하면 자기들의 일자리, 사회적 지위를 보호하고 유지하려 한다. 이러한 계급적 속성이 이들로 하여금 독립운동을 비롯한 사회, 정치적 문제에 등을 돌리게 하였다는 말이다. 3·1운동 이후 기독교 공동체 안팎에서 치솟기 시작한 이 종교에 대한 비판과 질타의 내용은 바로 교회 지도자들의 사회적 지위 향상, 이에 따른 현실 안주, 그리고 그들이 경제적으로 기댄 교회를 사회, 정치 운동과 격리시켜 안전하게 보호하려 했음을 직접, 간접으로 우리에게 알려주고 있다. 1920년대 이후에 나타나기 시작한 기독교와 조선민족운동세력과의 엇물림은 바로 이런 맥락에서 읽고 설명 되어야 할 것이다.

일제 초기 기독교는 나라를 잃고 허탈해 하는 조선 사람들을 끌어들여 계속 성장하여 갔다. 기독교는 식민지들이 타는 목마름으로 기다렸을 출애굽의 이야기를 비롯한 소망, 해방, 위로의 성서적 상징과 언어를 가지고 있었다. 또한 집회, 결사, 언어의 자유를 박탈당한 식민지들이 만나서 서로를 위로하며 소속감을 느낄 '만남의 터'도 기독교는 가지고 있었다. 바로 이 때문에 조선 사람들은 줄지어 이 종교 공동체로 들어왔다. 그러니까 이 시기의 기독교의 성장은 조선 사람들의 조직 공동체의 확대이고 자연히 반일 독립운동세력의 심리적, 조직적 토대의 확장을 의미하였다. 신민회 운동, 3·1운동과 같은 일제 초기의 반일 독립운동이 자연히 기독교 공동체 안팎에서 이 종교의 지도자들과 조직망에 기대어 펼쳐지게 되었다.

일제 후기에는 기독교와 이념의 오른쪽이나 왼쪽에 관계없이 거의 모든 반일 독립운동 세력과의 사이에 엇물림의 조짐이 나타나기 시작하였다. '문화정치'라는 식민통치세력의 정책 전환이 몰고 온 변화된 역사 환경이 이 엇물림에 한 몫을 했을 것이다. 이를테면, '문화정치'로 제한 적이나마 집회, 결사, 언론의 자유를 갖게 된 조선의 여러 사회, 정치세력은 이전과는 달리 종교 공동체 울타리 밖으로 나가 수많은 단체를 조직, 활동하게 되었다. 이들이 이전의 종교 공동체들이 해 오던 여러 사회, 정치 활동과 역할을 떠맡음으로 종교 공동체의 활동과 역할을 축소시켜 결국에는 기독교를 비롯한 종교 공동체가 조선 사람들의 사회, 정치 운동 전선의 뒷전으로 물러나게 했을 가능성을 나는 부인하지 않는다.

그러나 나는 이에 더하여, 아니 이보다도 일제 후기 기독교와 반일 독립운동을 비롯한 여러 사회, 정치세력 사이에 나타나기 시작한 엇물림은 사회적 조직체로서의 기독교와 사회계급으로서의 기독교 지도자들의 변화된 성격 및 자리와 이어서 이해되어야 할 역사 현상임을 강조하고 싶다. 구한말에 들어와 개혁적 사회세력과 만나고 일제 초기 독립운동세력과 깊게 물려 있었던 기독교는 조선 사람들의 기대를 한 몸에 받으며 거대한 종교집단으로 성장하였다. 여기서 기독교 성장이란 단순히 신도수와 교회당 수의 증가만을 뜻하지 않는다. 이는 이 종교에 사회적, 경제적으로 기댄 지식, 문화, 종교 계급의 수적 증가를 의미하는데 바로 이들이 기독교를 이끌고 운영하는 지도자들이다.

바로 이들이 3·1운동 이후 기독교를 사회, 정치로부터 격리시켜 보호·육성하려 했다. 이들은 사회적·경제적으로 기대고 있는 기독교가 사회, 정치 운동에 휘말려 박해나 탄압을 받게 되는 상황을 지극히 염려하는 '지식 봉급쟁이들'이었던 것이다. 바로 이들이 3·1운동 후 기독교를 이끌면서 '순수종교화'라는 깃발을 들고 교회 안에 있는 사회, 정치적 세력을 뽑아내는 작업을 벌였고, 이는 또한 교회 안팎의 여러 사회, 정치 세력으로부터 혹독한 비판과 질타를 불러 일으켰다. 기독교와 독립운동을 비롯한 여러 사회, 정치세력 사이에 엇물림이 시작된 것이다.

사회학자로 널리 알려진 박영신은 이를 성장이 몰고 온 기독교의 '평범화 과정'이라고 하였다. '기독교의 사회 발전 운동이 낳은 열매'를 따먹으며 기독교 지도자들은 '사회적 상승이동'을 하게 되었다. 기독교가 베푼 교육과 새 정치훈련을 받고 그 안팎에서 자리를 얻어 '사회적 사닥다리'를 재빨리 올라 '권위적이고 위계적'인 지도자 그룹을 형성했고, 이들이 이끄는 기독교 공동체는 사회변혁 에너지를 잃어 '별난 예수쟁이'의 것이 아니라 '평범한 사람들'의 것이 되어 가는 과정이 바로 그의 기독교 "평범화 과정"이다.[201]

기독교의 '평범화 과정'은 요즈음 젊은 학자들이 말하듯이 해방 후 미군정 때나 이승만 정권 때 시작된 것이 아니다. 이 '평범화 과정'은 오래 전, 바로 3·1운동 이후 기독교와 개혁적 사회 세력이나 독립운동을 비롯한 여러 정치세력 사이에 나타나기 시작한 엇물림의 역사와 함께 이미 시작된 것이다.

한국 기독교가 넘어야할 산 셋

하나. 천박한 물량주의

둘. 이기적인 기복 신앙

셋. 전투적 반공주의

9.
해방, 분단, 6·25전쟁 그리고 기독교

해방이 왔다. 1945년 8월 15일이다. 민족시인 심훈은 1930년 3월 1일을 맞아 해방을 온몸으로 기리고 있다.

"그 날이 오면 그날이 오며는/삼각산이 일어나 더덩실 춤이라도 추고/한강물이 뒤집혀 용솟음칠 그날이/이 목숨 끊치기 전에 와 주기만 하량이면/나는 밤하늘에 나는 까마귀와 같이/종로의 인경을 머리로 들이받아 울리오리다/두개골은 개어져 산산조각이 나도/기뻐서 죽사오매 오히려 무슨 한이 남으오리까"
— 시 "그날이 오면"

라고 해방이 오기를 울부짖었다. 그러나 심훈은 해방을 맞지 못하였고 윤동주도 감옥에서 세상을 떠났다. 그렇다, 모두가 해방을 기리었다.

해방과 분단-남북의 기독교

　해방 이후의 역사를 여기서 다시 정리할 필요는 없다. 1945년 8·15일 연합국의 승리, 일본의 항복으로 우리는 해방을 맞게 되었다. 그러나 기뻐해야 할 해방은 남북 분단이 뒤따라 우리에게 눈물과 고통, 그리고 동족상잔의 피의 역사를 갖게 하였다. 제2차 세계대전의 종식과 더불어 이른바 '냉전체제'가 잉태되었고 동서 양 진영을 대표하는 소련과 미국이 각기 남북으로 진주한 외세의 책동과 1920년대부터 좌우로 나뉘어 연합하지 못하고 서로 쟁투하며 독립이다, 해방이다 하여 '도적같이 온' 해방을 우리가 준비하지 못한 까닭에 우리는 동족 사이에 긴장과 갈등의 역사를 연출하게 되었던 것이다.

　그러나 이 해방을 내다보면서 우리 민족지도자들이 전혀 준비를 하지 않은 것은 아니다. 해방 전후에 자기 마을과 지방의 치안을 위해 자치회(自治會), 인민위원회(人民委員會)와 같은 조직이 그 지방지도자들에 의해 결성되어 해방을 준비하였다.[202] 특히 이러한 여러 조직을 흡수하고, 이념의 좌우세력을 아우르며 남북에 걸친 전국적 조직으로 등장한 조선건국준비위원회(朝鮮建國準備委員會)와 이북 오도인민정치위원회(以北五道人民政治委員會)는 우리에게 너무나 잘 알려져 있다.

그러나 남쪽에서 여운형이 조직한 건국준비위원회(건준)와, 북쪽에서 조만식이 주도한 이북오도인민정치위원회는 실패하게 된다. 좌우세력을 다 포용하고 있었으나 남쪽에 주둔한 미국의 눈에는 건준이 이념적으로 너무나 왼쪽으로 기울어 북쪽에 진주한 소련과 친화적일 수 있어 인정할 수가 없었고, 북쪽에 진주한 소련의 시각에서는 위원장 조만식이 이념적으로 너무나 오른쪽으로 기울어 남쪽에 주둔한 미국과 연대한 세력으로 간주되어 와해되었다. 제2차 세계대전의 종식과 함께 잉태된 동서냉전체제에서 한 치의 양보도 할 수 없는 미국과 소련이 각기 남북으로 진주한 이 해방정국은 구조적으로 남북에서 그들과 친화적인 세력이 득세할 수밖에 없었다. 이러한 해방정국에서 건준과 이북오도인민정치위원회와 같은 중요한 단체를 조직하고 이끈 인물들이 거의 기독교계 지도자들이었다는 점을 우리는 주목하고자 한다.203)

1) 북한의 기독교와 김일성 세력204)

평양을 중심으로 북쪽에서 이북오도인민정치위원회를 이끈 조만식은 '조선의 간디'로 알려진 교회 장로였다. 그는 좌파의 현준혁과 더불어 기독교세가 유독 강한 '동양의 예루살렘' 평양을 근거지로 삼고 이북 각지의 교회 조직과 기독교지 도자를 중심으로 이 인민정치위원회를 조직, 소련군이 주둔할 북쪽에서 새 나라를 우리의 힘으로 세우고자 하였다.

소련군과 함께 귀국, 주둔군의 지원을 받고 있던 김일성 세력에게 밀려난 조만식은 공산주의자 최용건 및 김책과 함께 1945년 말 조선민주당(朝鮮民主黨)을 창당하여 김일성 세력과 맞서고자 하였다. 이북 전역의 기독교 조직과 교회 지도자들이 당의 근간 조직이었고 당원이었다. 조만식이 이끈 조선민주당과 더불어 이북에 등장한 기독교사회민주당(基督敎社會民主黨)도 지방인민위원회를 주도하고 있던 목사 한경직과 장로 이유필이 창당하였고, 기독교자유당(基督敎自由黨)도 목사 김화식, 목사 신석우, 목사 송정근 등이 결성하였다. 이처럼 기독교세가 선교초기부터 강했던 이북에서 소련을 등에 업은 김일성 세력이 득세하기 전에는 교회 지도자들이 해방정국을 주도했던 것이다.

기독교 지도자들이 사회·정치지도자로 떠오르자 이북교회도 조직을 재정비하고 신자들의 정신적 또는 신앙적 연대를 강화하고자 하였다. 1945년 10월 이북오도연합회(以北五道聯合會)를 결성하여 종교적 문제와 사회·정치적 문제의 집단의 행동에 대비하였다. 이 연합회 관장 아래 각 지방을 순회하며 부흥회를 개최한 후 그 열기를 몰아 평양에서 독립기념전도대회를 개최, 안으로 신도들을 단합하고 밖으로 기독교의 세를 과시하였다.

이북 전역에 조직을 가지고 하나의 신앙체계로 뭉친 신도들, 그리고 높은 교육을 받은 지도자들을 가진 기독교 공동체는 주둔군 소련의 지원을 받으며 친소 정권을 수립하려는 김일성 세력에게는 위협적 집단이었다. 이를테면 1946년 초, 창당 3개월 만에 약 500,000명의 당원을 확보한 조만식의 조선민주당은 「평북민보」, 「황해민보」, 「강원민보」를 발간할 정도로 당세가 재빨리 뿌리내려 가지 쳐 간 것은 바로 활성화 된 기독교의 조직과 단합된 신도들 때문이다. 그 당시 4,530명의 당원을 가진, 그러나 주둔군 소련의 전폭적 지원을 받고 있던 김일성 세력과 약 30만 명의 신도 및 약 2,000여개의 교회를 가진 거대한 조직을 가지고 정치세력화해 가는 기독교 세력은 결국 갈등의 길을 걷게 되었다.

1946년 기독교 지도자들이 평양에서 개최한 3·1운동 기념행사 때와 기독교사회당 용암포지부 결성, 반공을 부르짖는 신의주 학생 데모 때를 비롯한 교회 안팎에서 펼쳐진 크고 작은 기독교 행사와 기독교인들의 활동에 김일성 세력은 민감하게 반응하여 물리적으로 탄압하였다. 물리적 탄압과 더불어 김일성 세력은 1946년 목사 강양욱, 홍기주, 김응순, 김익두 등을 내세워 조선기독교연맹(朝鮮基督敎聯盟)을 결성하여 지원하고 그를 반대하는 이북오도연합회와 또 그에 소속된 교회와 성직자들을 탄압하였다. 이북오도연합회를 중심으로 한 기독교 세력은 김일성의 더해만 가는 탄압에 강렬하게 저항하였다. 그러나 주둔군의 전폭적 지원과 물리적 힘을 가진 김일성 집단과 싸운다는 것은 순교적 저항이었지 승리를 담보한 싸움은 아니었다.

김일성 세력과 종교적, 정치적으로 맞서 싸운 기독교 신자들은 길게 논의할 필요도 없이 전투적 반공주의자들이었거나 아니면 대항하는 과정에서 반공주의자들이 되었다. 친소 정권을 창출하려는 김일성 세력의 끊임없는 감시와 탄압을 받게 된 이들은 기독교를 전해준 미국이 주둔하고 이승만, 김규식, 김구, 여운형 등 기독교 지도자들이 정국을 주도하고 있는 남한으로 탈출하게 된다. 이른바 '종교의 자유'를 누리기 위한 종교적 이주였다. 1948년 북한 정권이 수립된 이후에도 이러한 이주는 계속되었고, 이북에 남아있던 기독교인들은 6·25전쟁 때 떼 지어 남쪽으로 이주하게 되었다. 미국의 역사학자 클락은 이를 "장관의 대탈출"(spectacular exodus)이라고 부른다.[205] 이후 이북에는 '가정교회'와 '지하교회'만 있을 뿐, 미세한 집단으로 남게 된 제도권 교회는 여기서 논의하지 않겠다.[206]

2) 남한의 기독교와 이승만 정권[207]

남쪽에 조선건국준비위원회가 해방직전에 결성되어 인민위원회, 자치회 등을 흡수하며 전국적인 조직으로 건국을 준비하며 해방정국을 주도하게 되었다. 우리 학계에 잘 알려지지 않았지만, 그리고 누구도 강조하기를 꺼리지만, 건준도 전국에 퍼져있는 교회에 기대고, 또 하나 교육, 사회, 정치 지도자로 이미 떠올라 있던 성직자와 평신도 지도자들의 적극적인 참여에 힘입어 급속히 조직화되었다. 당시 건준의 지도자로 맹활약한 여운형은 신학을 공부하고 한때 서울 승동교회의 전도사로 시무하다가 민족독립운동 전선에 뛰어들었고 「공산당선언」을 우리말로 번역도 하고 고려공산당(高麗共産黨)을 만든 기독교계 인물이었다. 1919년 독립선언서에 서명한 목사 김창준을 비롯하여 목사 이규갑, 목사 이만규, 기독교 지성인 이동화, 가나안농군학교로 유명한 장로 김용기 등 수많은 기독교계 지도자들이 건준의 중앙 지도부에 참여하였다.

건준의 지방 조직도 마찬가지다. 이를테면 강원도 평창군 건준위원장이 목사 황회수, 수원시위원장이 목사 이하영, 가평군 위원장이 목사 김광노였다. 1946년 대구를 중심한 10월 사건으로 유명한 목사 최문식과 목사 이재복도 지도자로 건준에 참여하였다. 1946년 목사 조향록이 강연을 위해 경상남도를 방문하였는데 어디서나 인민위원회나 건준이 조직되지 않은 곳이 없었고 "위원장이란 자는 거의 모두가 목사 아니면 장로인 데서 깜짝 놀랐다"고 회고하였다.[208]

그러나 북한 교회가 조만식이 이끈 이북오도인민정치위원회와 조만식이 만든 조선민주당을 거 교회적으로 지지한 것과는 달리, 남한교회는 여운형의 건준을 전폭적으로 지지한 것은 아니었다. 여운형은 남쪽에서 해방정국을 주도하는 이승만, 김구, 김규식, 신흥우 등 여러 기독교계 정치지도자 가운데 하나에 지나지 않았다. 남한에 주둔한 미국이 북에 진주한 소련과 이념적으로 친화적인 건준을 지원할 리 없었고, 또한 이승만이 반공을 천명한 후 미국의 지원을 받게 되자 남한에서 좌파의 설자리가 점점 좁아지게 되었다. 우리의 관심은 이 시기 기독교의 동향이다.

우선 1948년 1월 미국장로교의 한 회의에서 이승만은 연설한 적이 있다. 그는 '그의 정부와 한국의 기독교'는 '남쪽을 공산화'하고 기독교를 말살하려는 '소련이 훈련시킨 붉은 군대'를 막아야 하는 중차대한 과업을 수행하여야 한다고 연설하였다. 그는 이어서 미국 기독교가 한국에서 이룬 지적, 정신적 개화를 파괴하려는 공산집단에 함께 맞선 '그의 정부와 한국 기독교인들'을 지원해 달라고 호소하였다.209) 우리가 익히 아는 대로 당시 미국은 '맥카시주의'라 불리는 좌파 숙청의 광기에 휩싸여 있었다. 그렇기에 이승만의 반공투사적 연설은 큰 반응을 일으켰다. 특히 '그의 정부와 한국의 기독교인들'이 함께 손잡고 반공전선에 나섰다는 연설은 한국에 기독교를 전파한 미국 기독교회의 적극적인 지원을 유도하였다. 이 연설은 기독교회와 이승만 세력과의 사이에 이념적, 정치적 연대가 이즈음 이미 이루어졌다는 증거이기도 하다. 서북청년단을 비롯한 북쪽에서 남하한 기독교인들이 이승만 세력에 합세한 것은 두말할 필요도 없다.

6·25전쟁과 남한 기독교의 변화

6·25전쟁 중 남북 기독교가 펼친 전쟁 지원활동을 짧게나마 살펴보자.

앞서 본 바와 같이 해방 공간에서 남북한 교회와 교인들은 새 국가 건설 과정에 적극적으로 참여하였다. 이 과정에서 기독교는 정치적 상황과 이해에 따라 분열되었고, 나라의 분단으로 남북 교회의 정치적 입장도 달리 취하게 되었다. 북한체제에 반대하는 기독교인들이 대거 남한으로 내려온 이후 북한교회는 기독교도연맹을 중심으로 재구성되었고, 소수이지만 남한체제에 반대하는 기독교인들이 북한으로 간 이후 남한교회는 친기독교적인 남한에서 친 체제적 경향을 가지게 되었다.

6·25전쟁이 일어나자 북한의 교회는 김일성 세력을, 남한의 교회는 이승만 세력을 적극적으로 지원하였다.[210] 북

한 교회는 '미 제국주의자들의 지배로부터 조국을 해방'시키려 한다는 북한 정권의 주장에 적극적으로 동조하였다. 장로교 총회장이었던 목사 김익두가 군사기금으로 10만원을 헌금하였는가 하면, 1950년 8월 5일에는 장로교, 감리교, 성공회, 성결교 등 각 교파의 성직자들이 성문밖교회에 모여 전쟁 승리를 호소하는 궐기 대회도 열었다. 북한 인민군이 서울에 입성하자 북한 교회는 월북한 기독교 지도자들과 그들에 동조하는 일부 남한 기독교 지도자들을 묶어 기독교민주동맹(基督敎民主同盟)을 재건하여 인민군 환영대회, 국방헌금 모금, 노동력 동원, 신도 궐기대회 등을 통해 북한의 전쟁을 지원하였다.

전쟁 당시 남한 교회도 마찬가지였다. 1950년 7월 3일 피난지 대전에서 한경직, 김병섭, 황금천, 손두환, 임병덕 등 교회 지도자들은 대한기독교구국회(對韓基督敎救國會)를 결성, 전선을 따라 다니며 남한 국군을 선무하고 기독청년을 모집, 전선으로 내 보내었다. 1950년 9월 28일 서울을 수복한 다음 날에는 수복기념회가 중앙청 광장에서 있었는데, '하나님 은혜'로 싸웠고, '하나님의 도우심'으로 수복하게 되었다고 믿는 기독교지도자들과 신도들이 대거 참석하였음은 물론이다. 이와 함께 남한 교회는 대중 집회를 열어 미국 대통령, 유엔 사무총장 등에게 지원을 요청하는 메시지를 채택, 전달하였는가 하면, 빈번한 부흥회를 열어 전쟁 승리를 열렬히 기도하였다.

나는 여기에서 남북 교회의 전쟁 지원에 대한 논의를 계속하기보다는 전쟁 과정과 그 이후에 나타난 남한 교회의 세 특성을 지적하고자 한다. 머리글에서 말했듯이 이 세 특성은 그 자체가 심각한 문제이지만 남북 협력시대의 도래를 내다보는 시각에서는 더욱 그러하기 때문이다.

1) 천박한 물량주의

사회학자 박영신은 1960년대부터 경제 제일주의에 오로지 파묻혀 온 우리 사회에 영향 받은 한국 교회를 다음과 같이 비판적으로 인식한 적이 있다.

"교회는 어떠한가?… 경제주의의 추세를 교회가 철저히 반영하고 그 원리를 차라리 후원하고 있다. 교회마다 물질적 풍요와 여유를 찾기에 급급하고, 기독교의 부흥과 영향력을 교회(인) 수와 헌금액 등에 비추어 모든 것을 물량적으로 측정하며, 교회원의 가정마다 물질적 축복을 비는 신앙(?)으로 넘치게 되었다… 한마디로 교회생활을 해 보라. 교회의 물질 지향성은 단숨에 잡힐 것이다…

도시의 교회가 바야흐로 '합리적 행정'이다, '시스템의 경영'이라고 알 듯 모를 듯 입으로 토해 내면서 목회를 이 방식으로 규정짓는 시대의 늪 속으로 깊숙이 빠져든 것이다. 그리하여 교인의 믿음 생활을 수량화하여 수치로 등급화 하는 데에 미치고 있는 것이다…

 기독교의 가르침에 의해 형성되어 온 세계 인식의 틀이 세속적 경제주의에 침몰되어, 교회가 마치 기업적 이해관계로 엮어진 조직으로 화석화 되어 그 관리와 운영의 성격이 재화 획득과 축적이라는 경제적 욕구를 만족시켜 가는 기업체의 그것과 매우 흡사해 지고 있다고 말할 수 있게 되었다"211)

 그렇다. 천박한 경제주의 늪에 빠진 교회는 질보다 양을 추구하고 모든 교회가 '큰 교회'가 되고자 한다. 이러한 현상은 분명 조국근대화다 민족중흥이다 외치며 동양의, 세계 최대의 공장을 세우겠다는 시대정신과 이어져 있다.

 그러나 이러한 세속적 경제주의나 천박한 물량주의에 교회가 빠진 것은 1960년대부터가 아니고 6·25전쟁으로 비롯되었다고 우리는 생각한다. 우리나라 최초의 대형교회인 영락교회의 역사를 보기로 삼아보자.

 영락교회는 1945년 12월 2일 이북에서 기독교사회당 활동을 하다가 공산세력을 피해 남한으로 온 한경직 목사와 북에서 탈출한 성도 30여명이 함께 만든 베다니 전도교회로 세상에 태어났다. 영락교회 교회사는 창립 시기의 상황을 다음과 같이 기술하고 있다.

"베다니 전도교회는 한경직 목사를 중심으로 하여 탈출성도들이 세운 교회라는 소식을 들은 피난성도들은 베다니로 모이기 시작하였다. 불신동포들도 모여들었다. 당시 베다니야말로 탈출성도들의 만남의 장소, 피난민들의 상호 위로의 집, 신앙의 자유를 얻은 감사의 기도의 제단, 혈육이산의 아픔을 달래는 몸부림의 안방, 조국의 분단의 분함을 호소하는 눈물의 밀실, 무너진 제단을 기필코 되찾아 수축하리라는 다락방이 되었다."[212]

기독교 신자든 아니든 1946년에 영락교회로 이름이 바뀌니 베다니 전도교회는 북에서 이주해 온 이들이 종교행사라 하여 정기적으로 모여 예배보고 서로 위로하며 생활정보를 교환하는 곳이 되었다. 이북에서 이주하는 이들이 급증하자 교회는 급속도로 성장하기 시작하였다. 30여명이 모여 창립한 이 교회는 1년 후인 1946년에 이미 장년교인이 962명, 유년 476명, 총 교인 1,438명에 이르는 대형교회가 되었으며,[213] 1947년 1월부터는 2부로 예배를 드려야 했다.[214] 이도 부족하여 600여명이 들어갈 천막을 설치해야 하였고, 1947년에는 신자 2,000이 넘는 교회가 되었다.215) 고아원을 비롯하여 모자원, 경로원, 중고등학교 등도 이어서 설립하였다.216) 한국 최초의 대형교회는 이처럼 남북 분단, 6·25전쟁을 겪으며 나타났던 것이다.217) 그래서 교회사학자 쉬어러(Roy E. Shearer)는 이들을 "피난민들의 교회"(refugees' churches)라고 부른다. 영락교회가 내놓은 교회사에도 암시하고 있지만, 쉬어러는 이 피난민들의 입교 동기를 위로와 소속감의 필요라고 했다. 그렇다. 전쟁 전후에 고향을 떠나 피난지에서 살아야 하는 이들은 같은 고향(이북)을 가진 이들이 함께 모이는 곳을 찾기 마련이다.

다른 글에서 나는 이들의 입교 동기가 단순히 정신적 위로와 종교적 동료의식만이 아니라는 점을 지적한 적이 있다. 6·25전쟁 이후에 기독교는 현금, 식량, 의약품, 의복, 텐트를 비롯한 엄청난 양의 구호 물자를 미국을 비롯한 서방교회로부터 받았다. 당시 기독교세계봉사회, 기독교아동복리회, 상이군인신생회와 같은 기독교 자선기관의 구호 활동이 활발하였다. 예를 들어 감리교는 1951년 말 120,000달러와 143,850,000원을 받았고,218) 1952년도에는 1,538, 505,500원을 받았다.219) 이 구호금에 더하여 엄청난 양의 구호 물자를 받았음은 물론이다. 최대 교파인 장로교를 비롯한 다른 교파가 받은 구호기금과 물자를 합하면 그 금액과 양은 이의 몇 배가 넘을 것이다. 한국 기독교사학을 개척한 김양선이 남긴 기독교 경영 자선단체에 관한 통계를 여기 따와 보자.

교회경영 자선사업 단체[220]

고아원	560	노인관	25
모자원	49	영아관	14
나병환자원	25	폐병요원	4
전쟁미망인 직업보도소	17	총 계	694

우리는 여기에서 영락교회를 비롯한 교회들과 세계기독교봉사회를 비롯한 기독교 자선단체들이 6·25전쟁 전후에 펼친 피난민 구호 사업과 위로 활동을 아무리 높이 치켜 찬사를 하여도 부족하다. 다만 나는 6·25전쟁을 전후해서 나타나기 시작한 '피난민교회'에 몰려든 이들의 종교적 동료의식과 정신적 위로를 찾아 들어온 입교 동기에 더하여, '빵과 천막'이 필요해서 교회로 들어온, 다시 말하면 물질적 입교 동기도 있었다는 점도 주목하여야 한다고 주장하는 것이다. 이들의 이러한 입교와 이에 힘입은 교회 성장은 천박한 물질주의가 교회 안에서 암처럼 퍼져 자라남을 뜻하기도 한다.

특히 구호기 금과 물자는 성직자들을 우대하고, 성직자들에 의해 지급되었다. 전국 각지의 성직자들은 구호금과 물자를 받기 위해 이를 통괄하는 서울의 교회 지도자들을 찾아다니는 진풍경도 이때에 나타났다. 성직자들이 고아원이나 모자원 또는 양로원의 경영권을 따내 운영하는 등 사업가로 변신, 부자가 된 이들도 많았다. 바로 이 구호금과 구호물자 때문에 성직자들은 '세속화'하게 되었고 교회는 더욱 천박한 이들의 집단이 되었다.221) 영어를 몇 마디 하는 성직자들은 약삭빠르게 미국 교회에 줄을 대고 구호기금과 구호물자를 통괄하게 되었고, 이들은 이것을 자기 교회를 위해 먼저 사용하기도 하고 한국 교회 안에서 자기의 영향력을 확대하는데 이용하기도 하였다. 이처럼 세속적 물량주의에 물들기 시작한 성직자들과 물질적 이유로 교회에 들어온 평신도들이 함께 하는 교회가 1960년대에 시작된 경제 제일주의 시대에 질보다 수량으로 신앙을 계산하는 조직으로 자리 잡게 된 것이다.

 6·25전쟁 전후에 한국 교회에 쏟아진 구호금과 구호물자는 한국 교회에서 자립과 독립정신을 빼앗아가고 '거지근성'을 깊게 심었다. 남을 도우려는 마음보다 받으려는 생각이 교회에 만연되었다. 당시 교회를 가까이에서 관찰한 장병욱의 글을 보자.

"교인들은 사랑보다 무언가 떨어지는 축복을 줄기차게 구하는 신앙심을 길러왔다. 기도도 어떻게 하면 도울까라는 것보다 무엇을 꼭 주십사로 변질되고 말았다. 그리하여 교인들은 무의식중에 기도란 무엇이든지 얻는 것이다. 그러니 떼를 써서라도 얻는다는 강박관념이 지배하여 처음부터 기도는 아예 아집과 울고불고 설치는 것으로 불야성을 이룬다. 그걸 누구보다도 많이 하고 응답 받는 자만이 능력자로 통하니 말이다….

많은 교회들이 좀 더 내 교회, 큰 교회, 좀 더 많은 예산, 좀 더 풍요한 교회를 구하는 풍토가 생겼다. 말하자면 모든 것을 물량적으로만 보는 풍토 말이다. 이것도 6·25의 거지근성이 가져다 준 결과이다."222)

6·25전쟁으로 한국 교회에 스며든 이 천박한 물량주의는 세속적 이익과 행복을 추구하게 되고 가진 물질 때문에 교회와 교인들이 자기만족과 자기과시로 나아가게 하였다. 물질적으로 좀 낫다고 하여 교회 울타리 밖 가난한 이들을 '이웃'으로 보지 않고 불쌍한 동정의 대상으로 보는 우

월감과 이어질 수 있기 때문이다. 남북화해나 남북협력의 시대에 바람직하지 못한 현상이다.

2) 이기적 기복 신앙

이기적이고 현세적인 기복 신앙은 천박한 물량주의와 함께 한국 교회에 깊이 자리하고 있다. 이기적이고 현세적인 기복 신앙의 뿌리를 우리의 무속 신앙에서만 찾는 학자들과는 달리 종교학자 김흥수는 기복적 요소는 기독교를 포함한 여러 종교에서도 찾을 수 있는 것이라고 주장하며 다음과 같이 한국 기독교를 진단하고 있다.

"오늘날 한국 기독교의 과다한 기복적 성격은 1950년대 초의 한국전쟁과 그 후의 사회 위기의 환경 속에서도 독특하게 형성된, 전통적 기독교의 두드러진 변형으로 볼 필요가 있다…. 전쟁은 자연 재해보다도 더 무서운 재난을 가져다주는 경우가 많았다. 전쟁은 인간의 물질적 성취뿐만 아니라 정신을 파괴하며 그로 인한 후유증이 장기간 지속된다. 잔혹한 전쟁은 인명과 재산은 물론 사회질서와 전통적인 규범, 성격 등 모든 것을 변형시키거나 붕괴시킴으로서 한국사회를 총체적 파국상태로 빠뜨렸으며….이러한 전쟁의 충격 속에서 살아가야 하는 신도들은 국가나 가정 등 그들이 속한 공동체가 경제생활을 보장해 주지 못하는 상황에서 그들 자신의 생존문제에 매달려야 했으며, 그 과정에서 삶의 기본적이고도 복잡한 문제들을 해결하도록 도와주는 새로운 형태의 의례와 신앙체계를 찾을 수밖에 없었을 것이다. 요컨대 전쟁체험은 전후에도 오랫동안 한국인들로 하여금 생존을 그들의 사유와 행동의 가장 기본적인 근거로 삼도록 했으며 전후의 교회에서는 그러한 생존 동기를 충족시켜 주는 위로 및 현세 복락적인 요소가 강조되었다고 할 수 있다."223)

다시 말해서 그레이슨(J. H. Grayson)을 비롯한 여러 학자들이 한국 기독교의 기복 신앙을 우리의 전통 무속 종교의 영향이라고 주장하고 있지만224) 김흥수는 이와 견해를 달리 한다. 우리의 전통 샤머니즘의 영향을 부정하지 않지만 그보다는 6·25전쟁이 기독교의 가르침 안에 스며 있는 위로와 생존을 도울 현세적 기복의 요소를 한국 신자들이 찾도록 하였고 교회가 이를 강조하게 되었다고 그는 주장하는 것이다.

기복 신앙이라는 것은 병을 고치고 부귀를 추구하며 아이(남자)를 낳는 것 등 세속적 복을 축복으로 여기는 종교적 의식과 행위이다. 특히 6·25전쟁으로 가정이 파괴되고 수많은 이들이 죽어갔으며 엄청난 물질적 손실을 가져왔다. 깊은 상처와 아픔으로 삶 자체를 무상히 여기는 때에 예수의 이름으로 병도 고치고 물질적 축복도 받으며, 정신적 위로를 주는 기복 신앙의 단순한 가르침은 전쟁 직후 맹위를 떨치게 된다. 이때 문선명의 통일교, 박태선의 신앙촌 운동을 비롯한 크고 작은 신비주의 운동이 이 땅을 뒤덮었다.225) 종말론적 도피주의든, 치병을 내세우든, 삼박자 축복을 가르치든, 안수를 주된 의례로 삼든 한국 교회에 만연한 현세적이고 이기적인 기복 신앙은 분명 6·25전쟁이 야기한 정치적, 경제적, 사회적 변화에서 잉태되고 확산된 것이다.

이러한 기복 신앙은 한국 교회사에는 흔히 '성령운동'으로 나타나고 빈번히 열리는 부흥회에서 강조된다.226) 이를테면 1903년 8월 선교사 하디(R. Hardie) 목사를 비롯한 일곱 선교사가 원산에 모여 함께 성경을 연구하고 기도하는 모임을 가졌다. 이를 계기로 하디는 조선 선교를 하면서 교만한 태도로 지식만을 전하였을 뿐 조선 사람 누구도 감화시켜 회개와 중생의 체험을 하게 하지 못한 점을 스스로, 그리고 공중 앞에서 자복하고 회개하기 시작했는데 이것이 1907년 선교사 블레어(W. N. Blair), 리(Graham Lee) 그리고 조선교회 지도자인 목사 길선주가 주도하는 대부흥 운동으로 번져 나가게 되었다. 그 후

1909년과 1910년에도 이른바 '백만구령운동'(The Million Souls Movement)이 있었는데, 선교사와 조선 기독교인들이 각 곳에서 부흥회를 하면서 전도에 힘썼는가 하면, 목사 김익두와 이용도의 부흥 운동도 있게 되었다. 이전의 부흥 운동이 회개, 기도 그리고 전도를 강조했다면 김익두와 이용도의 운동은 신비적이고 카리스마적인 부흥사가 중심이 되어 기도와 안수로 병을 치유하는 것이 특징이었다. 이것이 이른바 선교초기에 있었던 회개운동, 성령운동이다.

김익두와 이용도의 신비 운동과 치병 운동이 전국 교회를 휩쓸게 되는 1930년대와 1940년대에 조선 교회의 신앙적 방향이 변화되고 있음을 우리는 감지하게 된다. 윤리적 자각, 전도, 사랑의 사회의식, 성경공부 중심의 사경회 성격을 띤 이전의 부흥 운동과는 달리 예수를 믿으면 병도 고치고 세상에서도 축복 받는다는 현세적 기복 신앙이 서서히 뿌리내리기 시작한 것이다.

예수의 삶처럼 스스로 고난에 동참하고 희생과 봉사를 통한 이웃과 더불어 사는 삶을 강조하며 죽은 자를 억압하는 자를, 연약한 자를 먼저 보살피던 교회는 십자가보다는 오늘, 이 세상의 나의 축복을 갈망하는 현세적, 물질적, 이기적 기복 신앙의 집단이 되고 있었다. 앞서 말했듯이

6·25전쟁으로 이러한 이기적 기복 신앙이 성령운동이란 옷을 입고 한국 교회를 휘젓고 다니게 되었다.

한국 기독교는 세속적 경제주의에 식민지화되었다고 박영신이 지적했듯이,227) 오늘의 한국 교회는 목사를 세속적 축복의 중재자로 간주하고, 목사는 신자들에게 물질적 복을 빌어줄 수 있다는 것을 강조하고 있다. 이러한 현상에 대하여 김흥수는 이렇게 말하고 있다.

"위로 및 기복적 신앙은 [전쟁이후에 확연히 나타났지만-글쓴이] 1970년대 이후에는 한국 기독교의 지배적인 종교현상으로 등장하였다. 전쟁의 여파와 산업사회 속에서 살고 있는 사람들은 생활 요구와 정신적 요구를 충족시키고 싶어 했으며 교역자들은 그들의 요구를 충족시켜 줌으로써 그들을 교회 안으로 끌어들여 교역자 자신들의 요구인 교회 성장 동기를 성취하려고 노력하였다…. 신도들과 교역자들의 요구가 충족되는 과정에서 자연스럽게 현세적 복락에 몰두하는 기복 신앙이 형성되었으며, 그것은 기독교인들에게 개인주의적 규범과 부흥회 스타일의 종교의식 그리고 좋으신 하나님의 교리를 제공했다. 그리고 이 세 요소들이 서로 연결되어 하나의 기복적 종교 체계를 형성했다."228)

따라서 앞에서 논의한 천박한 물량주의와 기복 신앙이 교묘하게 혼합된 모습이 대다수의 기독교 신자들에게 나타나고 있다. 모든 것을 물량 위주로 평가한다. 교회 성장도 정신 또는 신앙의 질보다 교인 수와 헌금의 액수로 측정한다. 영적인 기쁨보다도 사업번창이나 병 고침이 더 큰 축복으로 간주된다. 이러한 모습은 성경의 가르침에 따라 민족의 삶을 변혁시키려한 구한말과 일제 강점기의 기독교인의 모습과는 너무나 다르다. 자기(교회) 울타리 밖의 이웃에게 관심이 없다. 이웃과 사회 그리고 역사를 위한 사랑, 희생, 봉사의 가르침은 쇠퇴해가고 이웃 사랑은 자기 가족, 자기 교회 안의 이웃 사랑으로 좁혀져 가고 있다. 기복 신앙이 갖고 있는 이러한 현세적이고 이기적인 요소는 북한 동포들을 이웃으로 보아야 하는 남북 협력시대의 도래를 더디게 할 수 있다.

3) 전투적 반공주의

기독교 윤리학자 정하은은 일찍이 다음과 같이 말한 적이 있다.

"6·25동란으로 우리의 마음속에 반공세력은 정치적 전통세력으로 받아들이게 되었고, 반공! 그것이 바로

> 국민의 정치의식과 가치관에 부합되는 정통적 사고방식
> 임과 동시에 행동방식이라고 믿게 되었다…….
> 그리하여 반공이라는 것이 민주주의를 수호하기 위한
> 방편이라기보다도 민주주의의 상위에 놓이게 되었
> 다……. 민주주의를 반사적 요건으로 하고 반공을 본질
> 적 요건으로 하여 한국 정치사상의 정통성이 구축되어
> 간 것은 6·25를 기점으로 해서였다."229)

앞서 논의한 것처럼, 일제 강점기 후반에 사회주의를 비롯한 좌파 사상과 운동에 거리를 두기 시작한 기독교였지만 해방정국에서 보듯 기독교 지도자와 신자 가운데 많은 좌파 인사들이 있었다. 그러나 미군이 주둔한 남쪽에서는 이승만을 비롯한 기독교계 인물들이 득세하고 친 기독교적 사회분위기가 되면서 기독교 안의 좌경세력은 약화되어 갔다. 특히 김일성 세력에게 감시와 탄압을 받던 이북의 기독교인들이 대거 남하하게 되자 기독교는 반공의 종교 공동체로 변화되었다. 정하은이 말한 것처럼, 6·25전쟁으로 북쪽에서 엄청난 사람들이 남으로 피난하였는데 이들이 반공의 맨 앞줄에 서게 되고 반공의 깃발을 높이 쳐든 이승만 정권과 이념적으로, 정치적으로 연대하게 되었다. 이때 교회에는 '공산주의=반기독교', '기독교=반공'의 등식이 깊이 뿌리내리게 되었다.

여기서 6·25전쟁 중 임시 수도 부산에서 있었던 이른바 '기독교와 용공정책 팜프렛사건'을 살펴보자. 기독교와 이승만정부와의 유착을 보여주는 사건이기도 하지만 어떻게 반공주의가 교회 안에 깊이 뿌리내렸는지를 보여주는 사건이다. 1951년 피난지 부산에서 이승만은 목사 송상석, 목사이자 국회의원인 이규갑, 평신도 지도자이자 국회의원인 황성수를 그의 임시 관저로 불렀다. 그는 한국 교회협의회(Korean National Council of Churches: KNCC)와 연대하고 있는 세계교회협의회(World Council of Churches : WCC)의 용공정책에 관한 팜프렛을 이들에게 주면서 한국 교회도 세계 교회의 용공적 움직임에 주목하고 대처하여야 한다고 주문하였다. 이들은 이 팜플렛을 번역하여 국회의원 22명의 서명을 받아 교계와 정계에 배포하였다.[230] 우리가 이 사건을 주목하고자 하는 것은 집권세력과 기독교 지도자들이 연합하여 반공운동을 펼쳤다는 점이다. 이미 교회는 6·25전쟁을 '악마와 천사간의 대결'로 인식하였고 공산당 퇴치전쟁은 십자군 전쟁과 비유하였다. 그래서 이승만의 북진통일을 교회가 지지하게 된 것이다.[231] 종교학자 강인철은 6·25전쟁을 거치면서 한국 기독교가 '우익의 탁월한 상징'으로 떠오르게 되었다고 주장할 정도이다.[232]

한국 기독교 보수신학의 대부 박형룡은 교회에 '붉은 세력'이 침투하고 있다고 세계교회협의회(WCC)를 겨냥하면서 기독교와 공산주의와는 함께 자리할 수 없다고 설파하였다.233) 미국의 민권운동가 마틴 루터 킹(Martin Luther King Jr.)목사를 가리켜 공산주의자들과 결탁하여 방화와 폭동을 일으켰다 하고, 월남전을 반대한 이른바 반전가수 죠안 바에즈(Joan Baez)를 '유명한 공산주의자'로 취급한 미국의 극우 반공단체나 잡지들을 박형룡은 즐겨 읽고 또 이러한 미국의 극우 반공주의의 흐름을 한국 기독교, 특히 보수적 교회에 줄기차게 소개하였다.234) 그는 고려신학교, 장로회신학교 그리고 총회신학교의 신학적 토대를 닦고 수많은 목회자들을 배출하였다. 그의 제자들이 한국의 최대 교파인 장로회 교회에 다니는 이들에게 이러한 전투적 반공주의를 주입시켜 온 것이다. 그의 제자들은 전국 방방곡곡에 있는 교회에서 공산주의자들은 적그리스도라고 가르치게 되었다.235)

보수적이고 반공적인 한국 기독교는 반공을 '국시'로 삼은 남한 정부와 친화적 관계를 가지게 된다. 이승만의 권위주의적 정권과 박정희, 전두환, 노태우로 이어지는 군사 정권은 반공적이고 친정권적인 보수파들의 활동을 적극적으로 돕고, 이에 보답이라도 하듯이 보수파 교회들은 공산주의자들이 그리스도의 진정한 적이고 공산주의와 싸우는 정권은 하나님의 뜻에 따라 세워졌다고 적극적으로 지지하고 나섰다. '연례국가조찬기도회'와 같이 정치 지도자들과 기독교 지도자들이 고급호텔에 모여 독재정권을 위해 기도하고 설교한 것은 너무도 잘 알려진 행사이다.236)

  하지만 반공문제에 이렇게도 이데올로기적이었던 교회는 그 외의 문제에는 반 이데올로기적이었다. 그들에게 반공은 체험에서 나와 그들의 종교 신념의 중요한 부분이 되었기 때문에 종교적인 것이지 이데올로기가 아니었다. 반공문제를 제외하고는 한국 기독교, 특히 절대 다수를 차지하는 보수적 교회들은 사회와 정치문제에 무관심하다. 이러한 전투적 반공주의 또한 남북 협력시대에 교회 안팎에서 심각하게 논의하여야 할 문제이다.

"거룩함을 잃어버린 한국 교회는 세속화에 빠져
자기결단과 헌신을 결여한 채 감성적인 찬송과
'주여' 만을 부르짖고 있다"

— 옥한흠, 본문 중

10.
오늘날 한국 기독교의 모습

    한국 교회의 세 특성, 즉 천박한 물량주의, 이기적 기복 신앙 그리고 전투적 반공주의는 한국 기독교인들이 이 땅에서 여러 종교적, 문화적, 사회적, 그리고 정치적 경험을 겪으면서 가지게 된 신앙 양태다. 그러나 이러한 특성은 분명 6·25전쟁을 겪으면서 더욱 형질화 되었다. 특히 1960년대와 1970년대 이른바 개발독재시대에 세속사회의 개발과 성장의 경제주의에 영향을 받아 믿음의 질을 생각하기보다는 모든 것을 수량화하여 성장도 수치로, 믿음도 수치로, 종교 생활 모두를 수치로 환산하는 종교 집단이 되었다. 천박스런 물량주의는 자기만을, 자기 교회만을 생각하고 그 안에 안주하여 자만에 빠지게 하였다. 특히 이 물량주의는 6·25전쟁을 겪으며 확산된 이기적 기복 신앙과 이어져 이 땅의 기독교를 사회의 여러 문제를 외면하고 자기의 생존과 행복만을 추구하는 편협한 종교로 만들었다. 보편의 가치를 추구한다 하여 탈이데올로기로 치장된 비사회화로 이어져 사회와 고립된 교회가 되었다. 그럼에도 불구하고 한국의 기독교는 전투적이라 할 만큼 철저한 반공주의를 내세운다. 분단과 6·25전쟁을 겪으며 그리고 '반공을 국시'로 삼은 군사독재정권을 거치며 깊게 뿌리내린 반공주의는 교회의 교리 이상의 자리에 앉아 있다.

특히 1960년대와 1970년대 개발시대에 기독교도 '개발과 성장'을 교회 안으로 들고 들어와 섬기기 시작하였다. 강남 개발의 바람과 더불어 대형교회들이 강남 이곳저곳에 들어선 것도 모두 이즈음이다. 교회 안에 물량주의가 넘쳐났다. 교회건물이 얼마나 큰가, 헌금이 얼마나 되는가, 교인의 수는 얼마인가, 교회 묘지는 있는가, 교회수양관은 있는가 하는 것이 요즈음 교회 지도자들의 주된 관심사다. 이처럼 교회가 성장에 골몰하면서 세속적으로, 세상의 사람들처럼 '교회를 위해서'라며 관계 공무원들을 회유하여 '그린벨트' 지역에 묘지를 만들고 수양관을 지어댔다. 환경을 파괴하는데 교회가 앞장 선 셈이다.

이렇게 '내 교회'의 성장과 확장을 해 가면서 교회는 '빛과 소금'의 역할을 전혀 하지 못했다. 독재정권이라며 시민과 학생들이 피를 토하고 죽어갈 때도 교회 지도자들은 '기독교 정권'이라며 이승만 독재체제를 지원하였다. 세속 권력과 짝하여 사는 것이 얼마나 좋았던지 '4·19혁명'이 일어나도 자기성찰은커녕 '함께 잠자던' 그 정권의 몰락을 안타까워했다. 독재정권과 짝했음을 회개하지 않았기 때문에 한국 기독교는 이후에 들어선 군사독재정권과 함께 호화 호텔에서 구국 기도회니 조찬 기도회니 하며 독재자들을 칭송하였던 것이다.237) 그래서 나는 다음과 같이 강론한 적이 있다. 좀 길지만 여기에 따온다.

"그렇습니다. 4·19혁명으로 한국 교회는 하나님 앞에 무릎 꿇고 불의와 부패한 독재자와 동침한 음란죄를 고백하지 않았습니다. 하늘나라 사람이 세상권력과 짝하여 놀아난 간음죄를 회개하지 않았습니다. 오히려 그 단잠의 달콤함, 그 동침의 짜릿함을 그리워하며 잠을 깨우는 이들을 원망하는 듯 했습니다. 4·19혁명 직후 한국 교회가 회개하지 않았기 때문에 그 이후 펼쳐진 30여년의 군사독재시대를 지나오면서 또다시 그 불의, 그 폭력의 세력과 호화호텔에 함께 앉아 구국기도회니 조찬기도회니 판을 벌려 그들을 위해 기도하고 찬송했고 또 위대한 지도자라고 치켜세운 것입니다…….

한국 기독교는 학생들이 민주다. 인권이다. 외치며 감옥에 가고 고문당하고 삼청교육대에 끌려가 병신 되어도, 아니 '빛의 고을' 광주에서 '민주와 인권의 피'를 토하며 사람이 죽어가도 극히 소수를 제외하고는 침묵을 지켰습니다."238)

그야말로 '예수'나 '예수의 가르침'이 없는 세상의 가치와 가르침이 교회에 가득 찬 까닭이다. 예수공동체라는 교회와 세속사회가 전혀 다른 세상이 아닌, 전혀 구별되지 않게 된 것이다. 세상이 추구하는 가치나 질서가 교회 안으로 고스란히 들어왔다. 그 자리에 '예수'나 '예수의 가르침'이 함께 할 수 없게 되었다. 예수는 없고 헤롯의 질서에 안주하는 공룡의 조직만이 있는 셈이다. 이 세상에 살고 있으나 예수 믿는 이들은 하나님의 나라 시민으로서 그 나라의 법도대로 살아야 하는데, 이 세상의 가치를 따라만 가기 때문이다. 이 나라의 예수쟁이들은 구별되지 않는 삶, 긴장 없는 삶을 꾸리기 때문이다.

대형교회들은 세상 기업처럼 운영되고 세상 기업처럼 대를 이어 자식에게 넘겨진다. 아니 세상 기업은 세상의 법에 따라 정부와 여러 기관의 간섭과 감시를 받는다. 그러나 교회는 그러한 간섭과 감시로부터도 자유롭다. 그야말로 자기네 마음대로 운영하고 세습한다. 거대한 기업을, 엄청난 재산을 남에게 줄 수 없다는 듯이 말이다. 대형교회 뿐만이 아니다. 경제가 어렵다는데 농어촌교회를 빼고 거의 모든 교회는 다른 세상 단체와는 달리 경제적으로 풍요롭게 운영된다. 옛날과 달리 요즈음 목사가 된다는 것은 그렇게 힘든 결단을 필요로 하지 않는다. 훌륭하고 안정된 직업이 교회 목사라는 것은 이미 널리 알려진 사실이다. 신학대학원에 입학하려면 재수, 삼수를 하여야 할 정도다. 신학대학원 입학준비학원이 생겨난 것도 한국 기독교만이 세계에 내어놓을 수 있는 것이다.

많은 목사들은 교회의 돈을 마음대로 쓴다. 특히 대형교회 목사들이 그렇다. 교회 돈으로 고급 호텔에 가고 교회 돈으로 고급 승용차를 타고 다니며 교회 돈으로 골프도 친다. 문제가 되면 교회 재정장부를 파기하기도 하고 필요하면 교회 돈으로 부동산에다가 투자도 맘대로 한다. 교회에서 목사들은 '예수'같이 섬김을 받는다. 예수는 한 번도 섬김을 받지 못하고 오는 순간부터 하늘에 오르는 순간까지 섬김의 삶을 꾸리셨는데도 말이다.

이렇게 공룡과 같은 한국 교회에는 교파 싸움, 교권 싸움이 넘쳐난다. 교권을 가진다는 것이 엄청난 이권과 영향력을 가지게 되었으니 싸움판이 세상 정치판보다 더 치열하고 더 더럽다. 교단장이 되기 위해 또는 연합기관의 대표가 되기 위해 돈 봉투를 공공연히 돌리며 다닌다. 이들이 이처럼 부패하여 어떤 교단에서는 제비뽑기를 한다. 연합기관 대표 선출에 돈이 돌았다고 교계 신문들은 야단이다. 이 거대한 공룡, 한국 교회에서 지도자들이 중세의 로마 교회 지도자들처럼 왜 교권을 잡으려고 이토록 더럽고 타락한 행태를 보이는가? 그것은 한마디로 교권의 자리가 이권의 자리가 되었기 때문이다. 교단마다 신학교도 있고 대학도 있으며 신문도 가지고 있다. 기독교는 방송국도 있고 찬송가공의회도, 성서공회도 있다. 일자리도 많고 이권도 많다. 그래서 싸운다. 싸우다가 안 되면 '신학'이나 '교리'를 내걸고 분열하는 것이다.

거대한 권력을 가지게 된 한국 교회 지도자들은 조그마한 차이도 인정하지 않는다. 조금만 달라도 적을 거세하듯 단죄하여 '이단'의 딱지를 준다. 하나님의 자리에 앉은 듯이 말이다. 이용도도 이단이 되었었고 김재준도 이단이 되어 버린 적이 있다. 이단이었다가 큰 교회가 되면 정통이 되는 경우도 있다. 교회 분열도 작은 다름을 인정하지 못한데서 기인한다. 유대교가 율법적이고 유교가 교조주의가 되어 상대를 정죄하고 이단이라고 박해한 것처럼 말이다.

교회 지도자만 문제가 있는 것이 아니다. 교인들도 문제다. '하나님 나라'의 가치를 추구하지 않고 '헤롯의 세상' 가치를 추구하는 무리가 되었다. '하나님의 나라'를 얻는 것이 복이라 생각하지 않고 '헤롯의 세상'에서의 출세와 부, 명예 그리고 권력을 축복이라 믿는다. 그래서 좋은 대학에 자녀가 입학하도록 기도하며 헌금하고 합격하면 감사 헌금 한다. 세상 사람들이 나무 아래 물 떠다 놓고 아들 딸 좋은 대학 입학하도록 기도하는 것처럼 말이다. 크리스천 정치인들은 더 도덕적이고 더 깨끗한가. 장로나 집사 국회의원들은 이른바 '차떼기'니 '책 떼기'니 하는 부정한 정치자금 받지 않았나. 크리스천 관리들은 뇌물에서 자유스러운가. 크리스천 정치인들은 선거 때 정말 '그리스도인답게' 행동하고 운동하는가. 크리스천 정치가와 관리들과, 이 종교와 관계없는 정치가와 관리들 사이에 구별되는 것이 있는가. 아니면 '현실이 그렇다'며 예수 믿지 않는 정치가나 관리와 같거나 비슷하게 행동하고 있지 않은가. 기독교 대학과 그렇지 않은 대학 사이에는 무슨 차이가 있는가. 기독교 대학 교수와 다른 대학의 교수 사이에는 어떤 구별이 있는가. 교회 안 세상과 교회 밖 세상이 구분이 되지 않는다. 둘 사이에는 아무런 긴장이 없다. 이렇게 된 교회는 역동성을 가지지 못한다. 사회에 대한 윤리적 발언도 못한다. 아무도 교회의 발언에 귀를 기울이지 않기 때문이다.

  요즈음 대형교회, 부자교회의 담임목사들이 자신들의 아들을 목사로 훈련시켜 더 큰 교회를 대물림하여, 교회 밖에서도 말이 많다.[239] 그런데 몇몇 소수의 교회들이 대물림을 하지 않고, 일찍 은퇴하여 젊은 후배에게 넘겨주는 일들이 장안의 화제가 된다. 한 보기로 강남 대형교회인 '사랑의 교회'가 담임목사 자리를 대물림하지 않았을 뿐만 아니라 정년도 5년이나 남긴 상태에서 젊은 목사에게 넘겨주었다 해서 박수 받은 적이 있다. 상식적이고 정상적인 사회나 교회에서는 당연시하여야 할 일인데, '세습', '은퇴 연장'을 위해 교단까지 옮기는 것이 대세인 세상에서는 이런 이야기가 가뭄의 단비와 같다. 그만큼 한국 기독교가 중병을 앓고 있다는 증거다.

그래서 교회갱신이니 교회개혁이니 하는 말들이 교회 안팎에서 나온다. 사랑의 교회에서 '멋지게 은퇴'한 옥한흠 목사는 "거룩함을 잃어버린 한국 교회는 세속화에 빠져 자기결단과 헌신을 결여한 채 감성적인 찬송과 '주여'만을 부르짖고 있다"고 한국 교회를 꼬집었다. 그는 "교인의 눈치를 보고 인기에 영합하거나 종종 하나님을 이용해 돈과 명예를 얻으려는 거짓 선지자들을 보게 된다"고 교회 지도자들을 맹타하였다.240)

민족분단의 시대에, 남과 북이 적대하며 살던 시대를 지난 한국 기독교의 또 하나의 과제는 어떻게 민족통일의 시대, 남과 북이 화하해마 살게 될 시대를 맞을까 준비하여야 한다. 전투적 반공주의의 생각과 옷을 어떻게 벗어던

질까 고민하여야 한다.

　김대중 대통령과 김정일 위원장의 평양회동으로 남북은 서로의 다름을 인정하고 어떻게 하면 화해할 수 있을까 고민하는 역사가 열리었다. 한국 교회도 이 땅에 있으므로 당연히 이 역사에 참여하여야 한다. 이제 오래 동안 '교리처럼' 간직해온 반북한의 전투적 반공주의를 예수의 초월성, 기독교의 화해정신으로 극복해 나가야 한다. 이 일에 교회 지도자들이 앞서야 한다.

　우리는 기독교의 갱신을 이야기한다. 그것은 기독교가 이 땅에서 할 일이 있고 그리고 이 종교 공동체에 아직도 소망을 가지고 있기 때문이다. 사회학자요 목사인 박영신은 다음과 같이 기도하며 한국 교회의 회개를 울부짖은 적이 있다. 그의 기도를 따옴으로 나는 이 가름을 마감하려 한다.

"이 땅에서
우리가 그리스도인으로
주님을 참되게 섬기기보다는
주의 이름을 걸고
다른 것을 섬기고 있는
우리의 행태를 고백합니다.

이 잘못을 잘못으로 책망하지 않고 있는
이 땅의 교회
그 교회가 저지르고 있는
이 무시무시한 잘못을
고백합니다.
'나 이외에 다른 것을 섬기지 말라' 하신
계명을
무시하고
물질을 사랑하고
물질을 섬기고 있는
죄를 고백합니다.

바알 신과 맞서 싸우지는 않고
처음부터 내놓고 따르는
우리의
이 찌그러지고 뒤틀어진
자화상을 봅니다.

오늘의 물질적 풍요를 뽐내며
'소비'를 일삼고는

주님께서 살아가신
근검, 절제의 삶의 방식을
비현실적이라 내동댕이치고 있는
이 땅의 교인
이 땅의 교회가 저지르고 있는
교만한 생각을 고백하고
말씀의 왜곡을 고백합니다.

진리를 외치는 사람은 멀리하고
타락된 눈에는 차마 보이지 않는
그 '참 진리'를 가르치는 사람을
매도하고 돌팔매질한
우리의 삶을 뉘우칩니다.

타락된 눈에 잘 보이는
무슨 무슨 세상축복을 미끼로
유혹하는 곳에는
물밀 듯이 모여들고 있는
오늘의 정황을
벗어나기는커녕
이를 답습하고 있는

우리들의 죄를 고백합니다.

주님
우리들의 이 '왜곡된 신앙'과
사이비 '축복주의'의 저질스러움을
회개합니다.

마치 중세기의 교회가
진리를 외면한 채
돈으로 구원을 사고팔면서
물질적 치부와 치장을 일삼으며
화려한 세속의 길에 빠졌던
지난날의 과오를 깡그리 잊은 듯
이 땅의 교회들이
저 '중세의 타락한 교회'의 전철을
밟고나 있지 않은지
오늘의 우리가 그 세속의 늪에
빠져들고 있지나 않은지
오늘 우리들의 모습을
되돌아 볼 수 있기
원합니다."241)

역사는 과거와 현재 사이의 끝임없는 대화이다
- E.H. Carr

꼬리글
1세기 팔레스타인의 예수를 21세기 한국으로

　세계적으로 유명한 학자 헌팅턴까지도 세계문명의 충돌을 논의하면서 한국 기독교를 언급할 정도다.242) 그만큼 한국의 기독교는 세계인의 눈을 끌 만큼 놀라운 성장의 역사를 거쳐 거대한 종교 공동체가 되었다. 작은 나라 한국의 기독교가 미국 다음으로 세계에서 두 번째로 선교사를 파송하고 있을 정도다.243) 우리가 앞서 살핀 바와 같이 한 세기라는 짧은 시간에 세계선교역사에 기록되는 놀라운 성장을 연출한 것도 한국 기독교다. 이 성장의 과정에서 신분차별의 유교 질서와 긴장하면서 역동적인 종교 공동체로 개혁의 무리를 껴안았고 일제식민통치시기에는 소망의 공동체로 해방을 꿈꾸는 민족세력과 함께 하였다.
　그러나 해방, 분단 그리고 6·25전쟁을 거쳐 남북이 적대적 관계를 가지게 되었을 때 남한의 기독교는 세속 권력과 짝하여 반북 종교 공동체가 되었고 그 과정에서 '세속화'되었다. 교회의 거룩함을 잃게 되어 거대한 공룡이 되었으며 무기력한 종교 공동체가 되었다.

  나는 이러한 기독교를 사회에 고발하려고 이 글을 쓰지 않았다. 반대로 한국 기독교가 몸은 커졌으나 왜 이렇게 힘이 없는 종교가 되었는지를 진단하고 그 갱생의 길을 찾고자 이 글을 썼다. 머리글에서 말했지만 그것은 1세기 팔레스타인의 예수 운동과 오늘의 한국 기독교를 견주면, 그리고 19세기 이 땅에 뿌리내릴 때의 기독교와 오늘의 한국 기독교를 비교하면 그 해답이 나올 것이라는 전망을 가지고 말이다.

  한국 기독교의 무기력은 바로 1세기 팔레스타인에서 태어나 '예수 운동'을 펼친 그 예수의 가르침을 상실한데서 잉태되었다고 나는 보고 있다. 헤롯의 질서에 안티테제로서의 예수, 헤롯 세상의 군림의 가치를 거부하는 안티테제로서의 예수의 종 됨과 섬김을 오늘의 한국 기독교가 상실하였다고 나는 진단하고 있다. 달리 말하면 거대한 종교로 성장한 한국 기독교는 중세의 로마 교회의 웅장함, 화려함, 풍요함을 바라보며 가고 있다고 나는 생각하고 있다. 1세기 팔레스타인의 가난한 예수, 초라한 예수, 핍박받는 예수를 바라보기보다 로마교회의 성직자들의 권위를 한국 교회의 지도자들이 갖고 싶어 한다는 데 한국 교회의 무기력이 나타나게 되었다고 나는 지적하는 것이다.

그렇기에 나는 한국 기독교를 향해 1세기 팔레스타인의 예수로 돌아가라고 외친다. 1세기 '예수 운동꾼들'의 삶과 가르침으로 돌아가라고 소리치고 싶다. 군림, 웅장, 풍요와 같은 로마제국의 가치를 따르지 말고 섬김, 종 됨, 근검, 절약의 가치를 따르라고 말하고 싶다. 예수의 '하나님의 나라'와는 거리가 먼 이 세상의 것들을 버리라고 외치고 싶다. 으리으리한 예배당보다, 거대한 교회묘지보다, 호텔 같은 교회 수련원보다, 그 화려한 교회 시설 밖에서 굶주리는 사람들, 헐벗은 사람들, 고통 받는 사람들을 생각하자는 말이다. 큰 교회 가졌다고 으스대거나 뻐기지 말고 '제자들의 발을 씻긴' 그 예수의 종 됨과 섬김의 삶을 본받자는 말이다. 그래야만 교회와 세속세상이 구분되고, 그래야만 둘 사이에 긴장이 생겨나고, 그래야만 교회가 다시 역동적인 종교 공동체가 되는 것이다. 이것이 한국 교회 갱생의 첫 걸음이다.

또한 19세기 말 처음으로 예수의 가르침을 받아 기독교로 개종한 초대 교인들의 삶에서 우리는 한국 기독교 갱생의 지혜를 얻게 된다. 봉건적 유교사회에서 누구보다 먼저 그 차별의 굴레를 박차고 나와 새로운 공동체를 만든 이들로부터 경제적 차이, 신분의 차이, 교육의 차이, 남녀

차별을 넘어 새로운 공동체를 만드는 지혜를 배우자는 말이다. 이들은 유교사회의 가치와 가르침을 따라 유교질서에 안주하려고 하지 않았다. 이들로부터 한국 교회는 천민자본주의라고 불리는 우리 사회가 가르치고 있는 군림, 경쟁, 뻐김이라는 가치에 '아니오'라고 말하고 섬김과 겸손의 삶, 그 본보기를 배워야 한다. 19세기 말 양반이 개종하면서 그가 가진 특권과 군림의 삶을 어떻게 내동댕이쳤는지를 배워야 한다. 그래서 한국 교회 안에 '새로운 양반들'이 생겨나지 않도록 교회를 개혁하여야 한다.

 중세 말 위클리프나 후스의 교회개역의 고언을 듣지 않다가 루터나 칼빈에 이르러 로마교회가 뒤집힌 것처럼 한국 교회는 갱신의 목소리를 듣고 회개의 길로 들어서야 한다. 그것은 1세기의 예수로 돌아가고 19세기 초대교회의 교인의 모습을 닮아가고자 하는 결단으로 시작된다.*

주기도문

하늘에 계신 우리 아버지

아버지의 이름을 거룩하게 하시며

아버지의 나라가 오게 하시며

아버지의 뜻이 하늘에서와 같이 땅에서도 이루어지게 하소서

오늘 우리에게 일용할 양식을 주시고

우리가 우리에게 잘못한 사람을 용서하여 준 것 같이

우리 죄를 용서하여 주시고

우리를 시험에 빠지지 않게 하시고 악에서 구하소서

나라와 권능과 영광이 영원히 아버지의 것입니다. 아멘.

사도신조

나는 전능하신 아버지 하나님, 천지의 창조주를 믿습니다.
나는 그의 유일하신 아들, 우리 주 예수 그리스도를 믿습니다.
그는 성령으로 잉태되어 동정녀 마리아에게서 나시고,
본디오 빌라도에게 고난을 받아 십자가에 못 박혀 죽으시고,
장사된 지 사흘 만에 죽은 자 가운데서 다시 살아나셨으며,
하늘에 오르시어
전능하신 아버지 하나님 우편에 앉아 계시다가,
거기로부터 살아 있는 자와 죽은 자를 심판하러 오십니다.
나는 성령을 믿으며, 거룩한 공교회와 성도의 교제와,
죄를 용서받는 것과 몸의 부활과 영생을 믿습니다. 아멘

미 주

1) 한국 기독교의 성장에 대한 상세한 논의를 보기 위해서는 필자의 다음 글들을 읽을 것. Chung-shin Park, *Protestantism and Politics in Korea* (Seattle and London: University of Washington Press, 2003) 1장과 "*Protestantism in Late Confucian Korea: Its Growth and Historical Meaning*,", *Journal of Korean Studies*, vol. 8 (1992), 139~164쪽 그리고 「한국개신교 성장에 대한 역사학적 설명」, 마지막 글은 필자의 논문집 『근대한국과 기독교』(서울: 민영사, 1997)에 실려 있음.
2) 세계 10대 대형교회에 들어있는 한국 교회는 이미 언급한 여의도 순복음교회, 은혜와 진리교회(2위), 금란감리교회(7위), 숭의감리교회(9위)와 주안장로교회(10위)이다. *Almanac Christian World*, 1993~1994에 근거함.
3) 불교사찰이 약 70개 들어선 고려시대 수도인 개경을 방문한 한 중국인이 개경을 '불교의 수도'(the capital of Buddhism)라고 했다. 만약 그가 수 천 개의 교회가 들어선 서울을 보고 무엇이라고 했을까? Andrew C. Nahm, *Korea: Tradition and Transformation*(Seoul: Hollym, 1988), 77쪽을 볼 것.
4) 이에 대한 자세한 논의는 박영신, 「기독교와 사회발전」, 『역사와 사회변동』(서울: 민영사/한국사회학연구소, 1987) 10장을 볼 것.
5) 이에 대해서는 김영민, 『진리-일리-무리』, 서울: 철학과 현실사, 1998, 정용섭, 『기독교를 말한다』 (서울: 한들출판사, 2001), 그리고 이진우, 『한국 교회 이대로 좋은가』 (서울: 크리스챤신문사 출판부, 2002)를 볼 것.
6) 이 부분을 나는 주로 루카 드 블로와/로바르터스 반 데어 스펙(윤진 옮김), 『서양 고대문명의 역사』(서울: 다락방, 2003)에 기대었다. 특히 15장을 볼 것.
7) 1장 18-23절
8) 1장 26-39절을 따옴. 그러나 예수 오심에 대한 기록은 79절까지 이어진다.
9) 신학자들은 이를 반은 신이고 반은 인간이라는 뜻이 아니라 '온전하신 신이면서 온전한 인간'(vere deus, vere homom)이라고 말한다.

10) 「마태복음」 2장 3절, '소동'이라고 번역된 영어 'disturb'는 '방해 받다' 또는 '불안해하다'라는 동사인데 헤롯왕을 위시한 기존 질서에 안주하며 삶을 꾸린 이들이 불안해하였다는 뜻이다. 왜냐하면 그들의 삶의 목표와 방식과는 전혀 다른 삶의 목표와 방식이 예수 오심으로 선포되고, 이 예수의 오심이 그들의 질서에 대한 도전이었기에 그들은 무서워 불안해하였던 것이다.
11) 전체 이야기는 「요한복음」 13장 1-20절, 따옴은 같은 장 13-15절이다.
12) 원문은 "The essence of Christianity is servanthood"이다. Tulsa World, 사설, 1997년 3월 30일 자.
13) 윗글 같은 곳 볼 것 원문은 "It's the servant who is the highest, the servant who is the ruler and the ruler the servant." 이다.
14) 「마태복음」 20장 25-28절
15) 「누가복음」 16장 13절.
16) 「누가복음」 2장을 보면, 그는 유대전통에 따라 할례를 하였고 유대절기인 유월절에는 해마다 부모와 함께 예루살렘으로 갔다는 기사가 있다.
17) 「누가복음」 2장 41-51절.
18) 김민웅, 「예수, 아름다운 그이」 예수평전(7), 『기독교사상』 2003년 5월호, 94-113쪽, 111-112쪽에서 따옴.
19) 세례 요한의 어머니 엘리사벳은 예수의 어머니 마리아와 친족 사이였다. 세례 요한의 출생과 활동에 대해서는 「누가복음」 1장 8-25절과 3장 7-23절 그리고 「마태복음」 14장 1-13절을 볼 것. 예수의 세례에 대해서는 「마태복음」 3장 13-17절을 볼 것.
20) 「마태복음」 4장 3절
21) 한완상, 「아, 기독교인임이 부끄럽다」, 『기독교사상』 2003년 5월호, 234-244쪽, 특히 242-243쪽을 볼 것.
22) 「마태복음」 4장 4절.
23) 「마태복음」 4장 4절.
24) 「마태복음」 4장 5-6절.
25) 윗글, 8-9절.
26) 이에 대한 한완상의 논의는 한완상, 윗글 같은 곳을 볼 것.
27) 갈릴리는 이스라엘의 변방으로 로마식민통치를 벗어나려는 반란이 빈번히 일어났던 지방이다. 그래서 로마제국은 이 지방에 대

하여 박해와 차별을 일삼아 이곳 사람들은 다른 지방 사람들보다 피해의식이 많았다고 한다. 예수는 이 지방에서 제자를 선택하였는데 이 또한 새겨 읽어야 할 대목이다.
28) 「마태복음」 10장 2-4절, 마지막 제자 가룟 유다는 스승인 예수를 판 이로 유명한데 이 유다 대신에 훗날 맛디아가 제자가 되었다. 「사도행전」 1장 26절을 볼 것.
29) 「마태복음」 4장 19절.
30) 예수로부터 시몬에서 베드로(반석이라는 뜻)라는 이름을 얻고 천국 열쇠를 맡기겠다는 약속을 받은 수제자 베드로는 "오늘밤 닭 울기 전에 네가 세 번 나를 부인"할 것이라고 의심을 받은 자였고, 마태는 그 당시 인간쓰레기로 취급받던 세리였으며, 도마는 의심이 무척 많아 무엇이든 보고야 믿는 인간이었으며 가룟 유다는 '은 30'에 스승을 판자라는 것은 널리 알려져 있다.
31) 「마태복음」 4장 23-25절과 8장 1-34절을 비롯하여 복음서 여러 곳에 예수가 이적을 행한 기록들이 있다.
32) 예수가 행한 이적 가운데 가장 유명한 것은 물고기 두 마리와 덕 다섯 덩이로 수천 명을 배불리 먹이었다는 것이 있다. 아이들과 여자를 빼고 건장한 남자들만도 5,000명이나 되었다고 성서는 전해주고 있다. 「마태복음」 14장 13-21절.
33) 예수의 예루살렘 입성에 관해서는 「이사야」 62장 11절과 「스가랴」 9장 9절 그리고 「마태복음」 21장 1-11절을 함께 볼 것.
34) 「마태복음」 21장 1-11절을 함께 볼 것.
35) 「마가복음」 14장 34절.
36) 정용섭, 『기독교를 말한다』, 71쪽.
37) 윗글 같은 절 뒷부분을 볼 것. 「누가복음」 22장 39-44절에도 비슷한 기록이 있다.
38) 「누가복음」 22장 1-6절과 47-53절을 볼 것.
39) 「누가복음」 22장 1-6절과 47-53절을 볼 것.
40) 이 심문에 대한 자세한 기록을 위해서는 「누가복음」 22장 66-70절을 볼 것.
41) 「누가복음」 23장 2절.
42) 상세한 것은 「누가복음」 23장 3-25절을 볼 것.
43) 「마태복음」 27장 46절. 다른 복음서에는 "아버지여 내 영혼을 아버지 손에 부탁하나이다"하고 운명하였다고 기록되어 있다. 「누가복음」 23장 46절.

44) 「마태복음」 27장 57-61절, 「마가복음」 15장 42-47절, 「누가복음」 23장 50-56절 그리고 「요한복음」 19장 38-42절을 볼 것.
45) 「마가복음」 16장 1-8절에 터함. 비슷한 기록을 「마태복음」 28장 1-8절, 「누가복음」 24장 1-12절 그리고 「요한복음」 20장 1-10절에서도 볼 수 있다.
46) 자세한 것은 복음서 여러 곳, 이를테면, 「마가복음」 16장 9-14절, 「마태복음」 28장 9-10절, 「누가복음」 24장 13-35절 그리고 「요한복음」 20장 11-31절과 21장 1-25절을 볼 것.
47) 신학과 인문학을 자유로이 나들이하는 정용섭은 이 부활에 대하여 다음과 같이 주장하고 있다. 부활은 자연과학적으로 말도 안 되는 이야기라고 말하는 이들이 많다. "그러나 과학만이 진리를 드러낸다고 단정"할 수 없다. "부활은 하나님이 이루게 될 종말사건이며 종말 신뢰인데, 이것을 과학적으로 논증하라는 주장은 과학의 자기한계를 넘는 발언이 아닐까 모르겠다. … 오늘의 과학이 신학적 진리를 자신들의 틀 안에 가두려는 태도는 역시 자연과학적 교만이다." 자세한 것은 그의 『기독교를 말한다』, 85쪽의 달음을 볼 것.
48) 「요한복음」 11장 25-26절.
49) 교회사학자 베인톤은 부활사건이 없었다면 아마도 교회가 생겨나지 않았을 것이라고 했다. Roland H. Bainton, *Early Christianity*(New York and London: D. Van Norstrand Com: 1960), 16쪽.
50) 장춘식/이성덕,강원돈, 『기독교와 현대사회』(서울: 대한기독교서회, 2003), 14쪽. 예수는 「누가복음」 17장 21절에 하나님의 나라가 "여기 있다 저기 있다"고 말할 수 없으며 그 나라는 "너희 안"에 있다고 말했다.
51) 윗글 같은 곳을 볼 것. 또한 정용섭, 『기독교를 말한다』 56-57쪽도 볼 것.
52) 「누가복음」 18장 24-25절.
53) 「요한복음」 18장 36절.
54) 「마태복음」 4장 17절.
55) 김광원/문시영, 『기독교 바로알기』 91쪽에서 따옴.
56) 「마태복음」 5장 3-10절에 기록되어 있음.
57) 「마가복음」 12장 28-30절.
58) 「마가복음」 12장 31-31절.
59) 「요한복음」 15장 12절 또한 「요한복음」 13장 34절도 볼 것.

60) Bainton, 윗글 16쪽.
61) 「사도행전」 2장 1-4절.
62) 「사도행전」 2장 1-4절.
63) 「마태복음」 26장 69-75절.
64) 자세한 내용은 「사도행전」 2장 16-36절에 있다.
65) 「사도행전」 1장 8절.
66) 「사도행전」 6-7장을 볼 것.
67) 「사도행전」 7장 58절과 8장 1절.
68) 「사도행전」 8장.
69) Bainton, 윗글 19쪽. 원문은 다음과 같다. "The death of Stephen scattered the disciples and marked the beginning of the great missionary enterprise in which Paul took the Gentile world as his province."
70) 「사도행전」 9장 3-9절.
71) 「사도행전」 9장 10-19절.
72) 「사도행전」 9장 20-31절.
73) 자세한 것은 「사도행전」 13-14장을 볼 것.
74) 「사도행전」 13장 42-43절.
75) 「사도행전」15장 1-29절.
76) 「사도행전」 15장 36-41절.
77) 자세한 것은 「사도행전」 15-18장을 볼 것.
78) 「사도행전」 15장 39-41절.
79) 자세한 것은 「사도행전」 18-21장을 볼 것.
80) 「사도행전」에는 이 이후의 바울 행적이나 삶에 대한 기사가 없다. 많은 이들은 그가 64년 네로의 박해 때 처형되었을 것이라고 생각하고 있다. Lewis M. Hopfe, *Religions of the World*(New York: Macmillan Publishing Co., 1987) 341쪽. 바울에 대한 상세한 논의를 보기 위해서는 다음 글도 볼 것. 장상, 『바울의 역사의식과 복음』, 서울: 이화여자대학교출판부, 1996.
81) Bainton, 윗글 1장을 볼 것.
82) 유스토 L. 곤잘레스(주재용 옮김), 『간추린교회사』(서울: 은성, 1998), 31쪽.
83) Alec R. Vidler, *The Church in an Age of Revolution*(New York: Penguin Books, 1961), 247쪽. 비들러는 근대교회사를

쓰면서 1세기 교회의 확장이 팍스 로마나라는 로마제국의 질서에 기댄 것이라면, 19세기 교회의 세계선교는 팍스 브리태니카(Pax Britannica)라는 이른바 '해가 지지 않는' 대영제국의 질서가 있었기에 가능했다고 했다.

84) Bainton, 윗글, 20-21쪽.
85) 윗글, 23-24쪽.
86) 윗글 20-27쪽. 베인톤에 의하면, 서기 60년대에 기독교가 유대교와 구별된 새 종교로 등장하여 로마 제국과 갈등 그리고 박해가 시작되었고 서기 261년 황제 갈리에누스가 이른바 '관용칙령'(The Edict of Toleration)을 발표. 새 종교정책을 내놓을 때까지 박해가 거듭되었다. 이 '관용칙령' 이후에는 물리적 박해는 거의 없었지만 그렇다고 기독교를 허용하거나 찬성한 것은 아니었다. 폭력을 통해서가 아니라 더욱 교묘하고 악랄하게 기독교와 기독교인들을 철학적으로, 논리적으로 심지어는 인격적으로 공격하는 기독교 파괴를 위해 다른 수단을 취한 것이다.
87) Bainton, 윗글 1쪽.
88) 정용섭, 윗글, 94쪽 그리고 김광원/문시영, 윗글, 110쪽을 볼 것.
89) Bainton, 윗글, 27쪽.
90) Bainton, 윗글, 59-60쪽.
91) 윗글, 28-29쪽.
92) 윗글 29쪽.
93) 윗글 같은 쪽.
94) 윗글 같은 쪽.
95) 윗글 29쪽.
96) 윗글 같은 쪽.
97) 윗글, 30쪽.
98) 「고린도전서」 1장 10-17절, 그리고 Bainton, 윗글 31-35쪽과 곤잘레스, 윗글 43-45쪽도 볼 것.
99) Bainton, 윗글 62쪽.
100) 윗글 63쪽.
101) 콘스탄틴은 기독교를 받아들이었지만 세례를 죽음을 바라다보며 받았다.
102) Bainton, 윗글 61-62쪽을 볼 것.
103) 윗글 64쪽.

104) 교회 안팎에서 이러한 기독교를 비판하는 이들이 있었음은 물론이다. 그 대표적인 것이 세상의 가치를 다라 가기를 거부하고 사막으로 들어가 공동생활을 하며 믿음의 순결을 지키고자 한 수도원운동(Monaticism)이다. Bainton, 윗글 64-83쪽, Bainton, *The Medieval Church*(New York: Robert E. Krieg Publishing Co., 1962), 10-13쪽, 그리고 곤잘레스, 『간추린 교회사』, 53-63쪽을 볼 것.

105) Bainton, *The Medieval Church*, 1장과 유스토 S. 곤잘레스(서영일 옮김), 『중세교회사』(서울: 은성, 1995) 1장을 볼 것.

106) BAinton, 윗글 2장을 볼 것.

107) Bainton, 윗글 64-66쪽.

108) Bainton, 윗글 66~88쪽.

109) Roland H. Bainton, *The age of Reformation*(New York and London: D. Van Nortrand Co., 1956), 12~13쪽을 볼 것.

110) Hopfe, *Religions of the World*, 357~358쪽을 볼 것.

111) Hopfe, 윗글 358~360쪽과 Bainton, *The age of Reformation*, 2장을 볼 것.

112) Bainton, 윗글 28쪽에서 따옴.

113) Hopfe, *Religions of the World*, 359쪽.

114) Bainton, *The age of Reformation*, 34쪽에서 따와 옮김.

115) 칼빈을 깊이 다루어야 했다. *The Institute of the Christian Religion*을 비롯한 그의 저술이 이후의 프로테스탄트 신학의 지적 기반을 마련하고 있기 때문이다. 그러나 이글은 신학을 다루는 것이 아니고 역사학에 기대어 오늘의 기독교의 모습을 보려는 것이기 때문에 그의 신학을 다루지 않았다. 그러나 그의 종교개혁의 신학과 활동을 보기 위해서는 Bainton, 윗글 4장을 볼 것.

116) 유교사회와 천주학의 만남과 갈등을 보기 위해서는 Donald S, Baker, "*Confucians Confront Catholicism in Eighteenth-Century Korea*", Ph.D. dissertation, University of Washington, 1983.

117) Vidler, *The Church in an Age of Revolution*, 247쪽을 볼 것.

118) 미국의 '건국 이야기'를 쉽게 쓴 글로는 박영신, 「미국의 패권주의, 그 뿌리」, 『환경과 생명』 2003년 봄호가 있다.

119) 박영신, 윗글을 읽을 것.

120) 미국 교회역사에 대한 짧은 글로는 Vidler, 윗글, 21장을 볼 것. 본문과 이어진 내용은 윗 글 235쪽을 볼 것.

121) Vidler, 윗글 235쪽.
122) Vidler, 윗글 235~236쪽에 터 함.
123) 류대영, 『초기 미국선교사 연구』 (서울: 한국 기독교역사연구소, 2001), 36~38쪽을 볼 것.
124) 이에 대한 설명은 케네스 파일(박영신/박정신 옮김), 『근대 일본의 사회사』 (서울: 현상과 인식,1993),72-75쪽을 볼 것.
125) William R. Hutchinson, *Errand to the World*, 7~9쪽.
126) 그의 글, 「미국의 패권주의, 그 뿌리」를 볼 것.
127) Hutchinson, 윗글 7쪽.
128) Hutchinson, 윗글 5쪽.
129) 박영신, 「미국의 패권주의, 그 뿌리」를 볼 것.
130) 박영신의 윗글과 함께 Hutchinson, Errand to the World, 92쪽을 볼 것.
131) 이웃 중국과 일본에서의 선교운동에 대해서는 Richard H. Drummond, *A History of Christianity in Japan*, Grand Rapids, Mich.: William B. Eerdmans Publishing Co., 1971과 Daniel H. Bays, *Christianity in China*, Stanford: Stanford University Press, 1996를 볼 것.
132) 상세한 것은 나의 영문저서, Chung-shin Park, *Protestantism and Politics in Korea*, Seattle and London: University of Washington Press. 2003를 볼 것.
133) 기독교 전래에 대해 상세한 것은 필자의 다음 글을 볼 것. *Protestantism and Politics in Korea*, 1장과 4장 그리고 「근대한국과 기독교」 1장.
134) 이글을 위해 내가 기댄 것은 Hopfe, *Religions of the World*, 212~222쪽이다. 이에 기대었지만 여기에 나타나는 유교에 대한 견해는 미국과 한국에서 동양 문화사나 아시아종교문화를 강의하면서 가지게 된 것이다.
135) 조선 기독교의 성장에 대한 논의는 나의 영문저서 *Protestantism and Politics in Korea* 1장을 볼 것.
136) Yong-shin Park, 「Protestant and Christianity and Social Change in Korea」 ph. D, dissertation, University of California(Berkeley, 1975), 1장과 2장을 볼 것.
137) 나의 영문저서 *Protestantism and Politics in Korea* 2장과 4장을 볼 것.

138) George H. Jones, "Open Korea and Its Methodist Mission", *The Gospel in All Lands* (1898년 9월), 391~396쪽, 특히 391쪽을 볼 것.

139) 윗글 392쪽을 볼 것.

140) S.F. Moore, "An Incident in the Streets of Seoul", *The Church at Home and Abroad* (1894년 8월) 120쪽에서 따와 옮김. 이 글을 양반의 고백을 선교사 무어가 영어로 옮긴 것이다.

141) 나의 영문저서, *Protestantism and Politics in Korea*, 4장을 볼 것. 아마도 이때부터 예수 믿는 사람들을 조롱하는 말들, 이를테면, '예수쟁이 말쟁이'라든가 '예수쟁이들은 말 잘 한다'는 말들이 생겼을 것이다. 예수쟁이들은 당시 누구보다도 먼저 신교육을 받고 누구보다도 먼저 새로운 정치경험을 한 무리로서 대중 앞에 서서 연설하고 토론할 수 있었다. 그러니 이런 말들이 나왔다. 그만큼 깨어있었다는 것을 이렇게 빈정거렸던 것이다. 예수쟁이 '연애쟁이' 또는 예배당은 '연애당' 이라는 빈정댐도 이런 시각으로 인식하여야 할 것이다. '남녀칠세부동석'의 사회에서 젊은 남녀가 교회에 나가 함께 예배보고, 성경공부하고, 찬양대하며 노래 부르는 행위나 활동을 이렇게 비아냥거린 것이다. 그만큼 개혁적이라는 말인 셈이다.

142) 윗글, 1장과 4장 그리고 나의 논문집 『근대한국과 기독교』의 첫 글을 볼 것.

143) 독립협회 운동에 대해서는 고전이 된 신용하, 『獨立協會硏究』 (서울: 일조각, 1976)을 읽을 것.

144) 윗글, 81~112쪽을 볼 것.

145) 「독립신문」 1889년 10월 1일자.

146) 신용하, 윗글, 88, 93~95쪽 및 106~107쪽.

147) 이 지방의 기독교 성장에 대해서는 이광린, "開花期 관서지방과 基督敎", 『韓國開花思想硏究』(서울: 일조각, 1979), 239~253쪽 및 Roy E Shearer, 윗글, 4장과 5장을 볼 것.

148) 「협성회보」, 1898년 1월 8일.

149) 김인서, "靈溪先生小博", 「信仰生活」 1933년 2월호, 26~30쪽, 특히 27쪽을 볼 것.

150) 이만열, 「韓國基督敎와 民族意識」 (서울: 지식산업사, 1992), 211~212, 236~238쪽을 볼 것, 나의 학위논문이 나온 이후 이지만, 이만열도 신용하의 연구가 협회운동을 보는데 기독교가 빠져 있음을 비판하였다. 윗ㅎ글, 17쪽과 236쪽의 달음89도 볼 것.

151) 윗글 327쪽.
152) 윗글 같은 쪽을 볼 것.
153) 崔明植, 「安事件과 三·一運動과 나」(서울 :극허전기편찬위원회, 1970), 14~17쪽.
154) 나의 영문저서 Protestantism and Politics in Korea 1장과 4장을 볼 것.
155) 表終一, 「韓國敎育/現狀」(京城: 朝鮮總督府 學部), 49-50쪽.
156) T. Stanley Soltau, *Korea: The Hermit Nation and Its Response to Christianity*(London: World Dominion Press, 1932), Appendix Ⅳ, 114쪽.
157) George L. Park, 윗글, 387-391쪽과 Allen D. Clark, 윗글, 172-177쪽을 볼 것.
158) 나의 영문저서 *Protestantism and Politics in Korea*, 2장과 4장을 볼 것.
159) 윗글 같은 곳을 볼 것.
160) Arthur K. Brown, The Mystery of the Far East (New York: Charles Scribner's Sons, 1919), 569쪽.
161) W. L. Swallen, Sunday School on the Book of Exodus (Seoul: Religious Track Society, 1907), 4쪽. 나는 Kim Yong-bock (ed.), Minjung Theology-People as the Subject of History (Singapore: The Conference of Asia, 1981), 104쪽에서 다시 따와 옮기었다.
162) 나는 한국의 역사연구에 「출애굽기」를 비롯한 성경과 찬송가 등이 중요한 역사자료로 취급되어야 한다고 조심스럽게 주장해 본다. 한국민들에 의해 쓰이지는 않았지만 이를 읽고 노래 부르며 독립의 소망, 해방의 믿음을 키워 나갔기 때문에 당연히 역사가들이 살펴야 할 자료라고 믿고 있다.
163) 「大韓每日新報」, 1908년 3월 12일.
164) 「大韓每日新報」, 1905년 12월 1일. 비슷한 내용을 같은 신문 1910년 1월 16일 논설에서도 볼 수 있다.
165) 申采浩, 「二十世紀 新國民」, 이 글은 『申采浩全集』, '別卷'에서 쉽게 찾을 수 있다.
166) Nym Wales and Kim San, *Song of Arirang* (San Francisco: Rampart Press, 1941), 75쪽을 따와 옮김.
167) 表終一, 윗글, 57-58쪽.

168) 內田良平, "熙政元事(1930)", 金正柱(엮음), 『朝鮮統治史料』四卷, 韓日合邦(Ⅱ), (東京: 韓國史料硏究所), 12-205쪽, 특히 120쪽을 볼 것.

169) Arthur J. Brown, 윗글, 568-570쪽을 따와 옮김.

170) 윤경로, 『한국근현대사의 기독교사적 이해』(서울: 역민사, 1992) 31-32쪽.

171) 이러한 통계들은 國史編纂委員會 엮음, 『日帝下 朝鮮三十年史』(서울: 탐구당, 1969),第四卷 905-908쪽과 金良善, "三·一운동과 基督敎", 高在(엮음), 『三·一 運動 50周年 紀念論集』(서울: 동아일보사, 1969), 235-270쪽, 특히 264쪽을 볼 것.

172) 서울의 기독교 지도자들은 3·1운동을 위해 각지에 대표를 파견, 지방의 운동상황을 점검하고 지방의 지도자들을 격려하기도 하였다. 윗글 215쪽을 보면 3·1운동 직전 81명이나 되는 대표를 파견하였다.

173) 오상순, "時代苦와 그 희생,"「廢墟」 1권 1호 (1920년 7월), 21-24쪽 을 따 왔다.

174) 이광수, 「再生」, 146-193쪽을 볼 것. 이 소설은 1924년부터 1925년까지 「東亞日報」에 발표하여 널리 읽혀졌다.

175) 동인, "상여",「廢墟」, 1권 1호 (1920년 7월), 121-129쪽, 특히 122-123쪽을 볼 것.

176) 朝鮮總督府 總務局,「朝鮮治安狀況」, 1922년 76쪽.

177) Michael Robinson, *Cultural Nationalism in Colonial Korea* (Seattle and London: University of Washington Press, 1988), 48쪽.

178) 金俊燁·金昌順,「韓國共産主義運動史」 (서울: 청계연구소, 1986), 2권, 100쪽.

179) 김흥수 엮음, 『일제하 한국 기독교와 사회주의』(서울: 한국 기독교역사연구소, 1992)를 참고할 것.

180) 윤춘병, 『한국 기독교 신문·잡지백년사 1885-1985』(서울: 대한기독교서회, 1984), 56-57쪽 및 69쪽을 볼 것. 또한 『신생활』창간호 69-70쪽에 실렸던 '조직란'도 볼 것.

181) 李大偉, "社會主義와 基督敎의 歸着点이 엇더한가,"「靑年」 3권 8호 (1923년 9월)에 나누어 실려 있다. 따음은 8호에 실린 첫 부분으로 읽기 쉽게 조금 수정하였다. 9쪽에서 따왔다.

182) 李大偉, "사회혁명의 예수,"「靑年」 8권 5호 (1928년 6월), 17-19쪽.

183) 劉敬相, "사회주의자 예수," 「청년」 3권 7호 (1923년 7-8월), 32-37쪽, 특히 32쪽을 볼 것.
184) 李大偉, "사회주의와 基督敎思想"「靑年」 3권 5호 (1923년 5월), 9-15쪽, 특히 9쪽을 볼 것. 역시 읽기 쉽게 어귀를 조금 바꿨다.
185) 李大偉, "社會主義와 基督敎의 歸着点이 엇더한가," 첫 부분 8쪽.
186) 윗글 둘째 부분 12쪽.
187) 사회주의 세력의 기독교 배척운동에 대해서는 金權汀, 「日帝下 社會主義者들의 反基督敎運動」 숭실대학교 사학과 석사 학위논문, 1995를 볼 것.
188) 송창근, "오늘 朝鮮敎會의 使命," 주태익(엮음), 『만우 송창근』 (서울: 만우 송창근선생 기념사업회, 1978), 153-160쪽에 실린 이 글은 1933년에 「神學指南」에 처음으로 실렸다. 따옴은 『만우 송창근』의 153쪽.
189) 김인서, "너희도 또한 가고저 하느냐", 「信仰生活」 1권 7호 (1932년 7월), 7-20쪽, 특히 9쪽을 볼 것. 그의 글 "조선교회의 새 동향," 「信仰生活」, 1권 10호(1932년 10월), 4-6쪽도 함께 볼 것.
190) 다음 논의는 나의 영문저서 *Protestantism and Politics in Korea*, 4장과 논문, "1920년대 改新敎 指導와 民族主義運動-그 만남과 결별의 사회사-"에 터함.
191) Wales and Kim San, 윗글, 83쪽에서 따와 옮김.
192) 윗글, 83-88쪽을 볼 것.
193) 申采浩의 이 소설은 『申采浩集』 '別卷'에 실려있어 쉽게 읽을 수 있는 자료이다.
194) 「東亞日報」, 1922년 1월 7일자. 사설, "宗敎家여, 街道에 出하라"를 따옴.
195) 달음 190)에 있는 나의 글들을 볼 것.
196) T. Stanley Soltan. 윗글, 114쪽.
197) 李能和, 『朝鮮基督敎及外交史』 (서울:학문각,1968), 220과 223쪽을 볼 것.
198) 李光洙, "今 日 朝鮮의 耶蘇敎會의 缺點"「靑年」11호, 77-81쪽, 특히 77쪽을 볼 것.
199) 金昶濟, "現下 基督敎運動의 方向, 「基督申報」 1932년 1월 20일.

200) 金元璧, "現代思想과 基督敎," 「靑年」 3권 7호, 22-24쪽. 23쪽을 따와 읽기 쉽게 풀어 썼다.
201) 박영신, "기독교와 사회발전," 『역사와 사회변동』(서울: 민영사/한국사회학연구소, 1987), 10장에도 실려 있다.
202) 해방 이후 펼쳐진 기독교와 남북의 정치세력과의 관계를 자세히 보려면 다음 글들을 볼 것. Chung-shin Park, *Protestantism and Politics in Korea*, 여섯째 가름과 한국 기독교역사연구소(편), 『북한교회사』 (서울: 한국 기독교역사연구소, 1996), pp. 340-401.
203) 나의 영문저서 *Protestantism and Politics in Korea* 여섯째 가름을 볼 것.
204) 이 부분은 한국 기독교역사연구소가 펴낸 『북한교회사』, pp. 376-401에 기대었다.
205) Donald N. Clark, Christianity in Modern Korea (Lanham and New York: The Asia Society/University Press of America)
206) 상세한 것은 한국 기독교역사연구소, 『북한교회사』, 6장을 볼 것.
207) 이 부분은 나의 영문저서 *Protestantism and Politics*, 여섯째 가름 후반부에 기대었다.
208) 장병욱, 『6·25 共産南侵과 敎會』 (서울: 한국교육공사, 1983), p. 155.
209) 이 회의는 1948년 1월 4일부터 7일까지 오하이오 주 콜럼버스에서 개최되었다. 연설내용을 다음 자료에서 읽을 수 있다. *The Foreign Missionary Boards and Committees*, Conference Report (New York: E. O. Jenkin's Printing House, 1949), p.61.
210) 이 부분은 김흥수, 『한국전쟁과 기복 신앙확산연구』, 제3장에 기대었다.
211) 박영신, 『한국 기독교와 사회의식』, pp.234-235에서 따옴.
212) 영락교회, 『永樂敎會 三十五年史』 (서울: 영락교회 홍보출판부, 1983), p.63
213) 윗글, p.73.
214) 윗글, p.74.
215) 윗글, pp.82-83.
216) 자세한 것은 윗글, pp.84-86, 197-205를 볼 것.
217) 대형교회 가운데 하나인 충현교회도 이북에서 온 성직자 김창인이 서울 장충교회에서 설립하였고 부산 피난시절을 거쳐 서울

수복 후 인현동에서 피난민들이 세운 교회다. 자세한 것은 충현 25년사편찬위원회, 『충현25년사』(서울: 충현교회, 1979), 47-52를 볼 것.
218) 『監理會報』, 1952년 1월 1일자.
219) 윗글 1953년, 1월 1일자.
220) 김양선, 『韓國基督敎解放十年史』 (서울: 대한예수교장로회총회 종교교육부, 1956), p.130.
221) 장병욱, 『6·25 共産南侵과 敎會』, pp.330-331, 346-351. 그리고 박명수,「죽어야 산다」, 안재정(편), 『원로목사 목회행전』(서울: 도서출판 목양, 1997), pp.63-93, 특히 p.76을 볼 것.
222) 장병욱, 『6·25 共産南侵과 敎會』, p.347쪽에서 따옴.
223) 김흥수, 『한국전쟁과 기복 신앙확산연구』, (서울: 한국 기독교역사연구소, 1999), pp.9-10.
224) James Huntley Grayson, *Korea: A Religious History* (Oxford: Clarendon Press, 1989), p.205. 이에 대한 비판을 보기 위해서는 나의 서평을 볼 것. 『歷史學報』, 137집 (1993년 3월), pp.269-273.
225) 장병욱, 윗글, pp.355-357과 김흥수, 『한국전쟁과 기복 신앙확산연구』, pp.126-132.
226) 이에 대한 짧은 논의는 윤성범, 『기독교와 한국사상』 (서울: 대한기독교서회, 1964), pp.185-198을 볼 것.
227) 경제주의에 식민화된 교회의 모습을 보기 위해서 박영신의 윗글을 꼼꼼히 읽을 것.
228) 김흥수의 학위논문, 「한국전쟁의 충격과 기독교회의 기복 신앙확산에 관한 연구」(서울대종교학과, 1998), pp.158-159에서 따옴.
229) 정하은, "6·25에서 본 한국정치의 정통성", 「新像」, 4권 제 2호 (1971년 여름), pp.9-14, 특히 pp.10-12를 볼 것.
230) 자세한 논의는 Chung-shin Park, *Protestantism and Politics in Korea* (Seattle and London: University of Washington Press, 2001), 일곱째 가름을 볼 것.
231) 강인철, 『한국 기독교회와 국가, 시민사회 1945-1960』 (서울: 한국 기독교역사연구소, 1996), pp.270-272를 볼 것.
232) 윗글, p.272.
233) 박형룡,『朴亨龍博士著作全集』, 제 9권 (서울: 한국 기독교교육연구원, 1981), pp.87-90을 볼 것.

234) 특히 윗글,p.107,117쪽을 볼 것. 박형룡을 비롯한 한국 기독교 보수파 지도자들과 미국의 극우파 기독교 지도자인 칼 맥킨타이(Carl McIntire)와의 관계에 대해서는 장동민, 『박형룡의 신학연구』(서울: 한국 기독교역사연구소, 1998), pp.383-388을 볼 것.
235) 그의 제자이자 크리스천 저널리스트인 채기은이 이의 좋은 보기이다. 채기은, 『한국 교회사』, (서울: 예수교문서선교회, 1977), p.225를 볼 것.
236) 나의 글, *Protestantism and Politics in Korea*의 둘 째 가름, 특히 "Late Fundamentalism in South Korea"와 여섯째 가름, 특히 "The Church in the South"를 볼 것.
237) 해방 후 한국 교회와 정치권력과의 관계를 논한 나의 영문저서 *Protestantism and Politics in Korea*, 마지막 가름을 볼 것.
238) 1997년 4월 19일, 기독교방송에서 내가 한 '4·19혁명'기념 강론 "기독교와 4·19 혁명"의 일부임.
239) 자세한 것은 「기독교사상」 2003년 5월호의 특집 "가는 세대의 추함과 오는 세대의 위기"를 읽을 것.
240) 「동아일보」 2004년 2월 13일자.
241) 박영신 『가난한 영혼을 위한 노래』, I·II(서울: 섬김과 나눔, 1995) 가운데 "총체적 신앙인으로" 1권 51-63쪽을 따옴.
242) 새뮤얼 헌팅턴 (이희재 옮김), 『문명의 충돌』(서울: 김영사, 2011), 여러 곳을 볼 것.
243) 「기독신문」 2004년 1월 28일자.

도움 받은 글

- 『성서』 (본문에 인용된 성서는 '새번역, 2001'입니다)
- 기독교역사문화연구소(엮음), 『11명의 전문가가 본 한국의 기독교』, 서울 : 겹보기, 2001.
- 김광원/문시영, 『기독교 바로알기』, 서울 : 선학사, 2002.
- 김영민, 『진리-일리-무리』, 서울 : 철학과 현실사, 1998.
- 류대영, 『초기 미국선교사 연구』, 서울 : 한국 기독교역사연구소, 2001.
- 박정신, 『한국 기독교사 인식』, 서울 : 혜안, 2004.
- _____, 『근대한국과 기독교』, 서울 : 민영사, 1997.
- 장상, 『바울의 역사의식과 복음』, 서울 : 이화여자대학교 출판부, 1996.
- 장춘식/이성덕/강원돈, 『기독교와 현대사회』, 서울 : 대한기독교서회, 2003.
- 정용섭, 『기독교를 말한다』, 서울 : 한들출판사, 2001.
- 지동식(편역), 『로마帝國과 基督敎』, 서울 : 한국신학연구소 출판부, 1980.
- 한중식, 『기독교의 진수』, 서울 : 숭실대학교출판부, 2002.

- 유스토 L. 곤잘레스(주재용 옮김), 『간추린 교회사』, 서울 : 은성, 1998.
- 사무엘 헌팅턴(이희재 옮김), 『문명의 충돌』, 서울 : 김영사, 2001.

- Aleg R., Vidler, *The Church in and age of Revolution*, New York: Penguin Books, 1961.
- Chung-shin Park, *Protestantism and Politics in Korea*, Seattle and London: University of Washington Press, 2003.
- Daniel H. Bays(ed.), *Christianity in China*, Stanford: Stanford University Press, 1996.
- Gerald R. Cragg, *The Church and the Age of Reason 1648~1789*,

New York: Penguin Books, 1960.
- Lewis M. Hopfe, *Religions of the World*, New York: Macmillan Publishing Co., 1987.
- Richard H. Drummond, *A History of Christianity in Japan*, Grand Rapids, Mich: William B. Eerdmans Publishing Co., 1971.
- Roland H. Bainton, *Early Christianity*, New York And London: D. Van Norstrand Com., 1960.
- ____, *The Age of the Reformation*, New York And London: D. Van Norstrand Co., 1956.
- ____, *The Medieval Church*, New York: Robert E Krieger Publishing Co., 1962.
- William R. Hutchison, *Errand the World: American Protestant Thought and Foreign Missions*, Chicago and London: University of Chicago Press, 1987.
- Yong-shin Park, "*Protestant Christianity and Social Change in Korea*," Ph.D. dissertation, University of California(Berkeley), 1975.

고쳐 쓴 한국 기독교 읽기

Copyright ⓒ 여울목 2015

지은이_박정신
펴낸이_민대홍
펴낸곳_여울목
디자인_신별나(http://byul_na.blog.me/)
발행일_2015년 3월 11일
등 록_2014년 4월 30일 제2014-000141호
ISBN _979-11-953308-4-3   03230

독자의 의견을 기다립니다.
pfpub@naver.com   http://pfpub.blog.me   303-0941-9484(fax)
(우) 121-764 서울 마포구 독막로 266, 104-609

이 책의 저작권은 저자와 여울목에 있습니다.
저작권법에 의해 보호받는 저작물이므로 무단 전제와 복제를 금합니다.

「이 도서의 국립중앙도서관 출판예정도서목록(CIP)은 서지정보유통지원시스템 홈페이지(http://seoji.nl.go.kr)와 국가자료공동목록시스템(http://www.nl.go.kr/kolisnet)에서 이용하실 수 있습니다.(CIP제어번호: CIP2015007475)」